Helmut Roob
Günter Scheffler

Gothaer Persönlichkeiten

Taschenlexikon

Mit den besten Wünschen!
30/5. 2000

Mit freundliche Grüsse
Helmut Roob

Projektarbeit des
URANIA Kultur- und Bildungsverein Gotha e.V.
1999/2000

Helmut Roob · Günter Scheffler

GOTHAER PERSÖNLICHKEITEN

Taschenlexikon

ARNSTADT & WEIMAR

Mit freundlicher Unterstützung der

* Stadt Gotha
* Stadtwirtschaft Gotha GmbH, Gotha
* Anwaltssozietät Eversheds, London
* Anwaltssozietät Dr. Eick & Partner, Erfurt
* Jaspers Wuppesahl Industrie Assekuranz GmbH & Co KG, Frankfurt/M
* Rechtsanwälte Baitinger, Baitinger und Wieprecht, Gotha
* PGM Planungsgruppe Mitte GmbH, Architektur- und Ingenieurbüro, Gotha
* ITS - Ingenieurgesellschaft mbH Tiefbau und Statik, Gotha

Grußwort

Ich freue mich, Ihnen mit diesem Lexikon erstmals ein Nachschlagewerk über berühmte Gothaer Persönlichkeiten präsentieren zu können. Jede der in diesem Buch genannten Persönlichkeiten hat einen Beitrag geleistet, um die Entwicklung Gothas voranzutreiben und die altehrwürdige Residenzstadt bekannt zu machen.

1225 Jahre nach der Ersterwähnung der „villa gothaha" durch Karl den Großen im Jahre 775 war es mir ein besonderes Anliegen, bekannte und berühmte Gothaer in einem gesammelten Werk vorzustellen und damit ihr Lebenswerk zu würdigen. Umfangreiche Recherchen waren notwendig, damit alle 195 genannten Persönlichkeiten auch historisch verbrieft sind.

Die in diesem Buch aufgeführten Gothaer Persönlichkeiten haben die Geschichte und die Geschicke der Stadt entscheidend mit beeinflußt. Sie haben Gotha zu einer Stadt der Naturwissenschaften und Künste, aber auch zu einer Stadt der Schulen und Innovation werden lassen.

Ich wünsche Ihnen beim Lesen viel Freude und bin mir sicher, dass Sie auch auf bisher wenig veröffentlichte Leistungen treffen werden.

Volker Doenitz
Oberbürgermeister

Eine Projektarbeit des URANIA Kultur- und Bildungsverein Gotha e.V. gefördert mit Mitteln des Arbeitsamtes Gotha und durch Unterstützung der Stadt.

Vorwort

Seit seiner erneuten Gründung im Jahre 1993 ist der URANIA Kultur- und Bildungsverein Gotha e.V. bemüht, in seiner Arbeit zur kulturellen Entwicklung in der Stadt Gotha und deren Umland beizutragen. Dies geschieht in vielfältigen Veranstaltungen, aber auch in kleinen und größeren Publikationen, was aber ohne verständnisvolles Engagement seitens der der Stadtverwaltung Gotha unterstehenden kulturellen Einrichtungen, des Staatsarchivs, der Universitäts- und Forschungsbibliothek Erfurt/Gotha wie auch des Arbeitsamtes Gotha nicht möglich wäre.

Unser Lexikon ist der Stadt Gotha zur 1225. Wiederkehr ihrer urkundlichen Ersterwähnung gewidmet, gilt es doch in einer sich schnell und umfassend verändernden Welt den Blick nicht nur auf das Große zu lenken, sondern zu bedenken, dass dies alles im Kleinen seinen Anfang genommen hat.

Wir würden uns freuen, mit diesem Buch unseren Lesern Vertrautes wieder bekannt zu machen, aber auch Neues zu erschließen.

Lothar Hofmann
Vorsitzender des URANIA Kultur- und Bildungsvereines Gotha e.V.

Einleitung

Nicht alle Persönlichkeiten in diesem Lexikon waren „echte" Gothaer; denn manche haben nur kurze Zeit hier gelebt, andere wichtige Jahre ihres Lebens hier verbracht, wieder andere kamen aus alteingesessenen Familien - aber alle sind irgendwie mit der thüringischen Residenzstadt verbunden. Ihre Wirkungskreise waren sehr unterschiedlich, so haben Naturwissenschaftler den größten Anteil, gefolgt von der Gruppe leitender Staatsbeamter und Politiker, stark vertreten sind die Persönlichkeiten aus dem Schulwesen, beachtlich ist auch die Zahl der Architekten und Baumeister, der bildenden Künstler, dazu die der namhaften Komponisten und Kapellmeister sowie die der Dichter und Schriftsteller, eine bedeutende Gruppe bilden auch die großen Namen der Verlagsbuchhändler. Viele der Gothaer Persönlichkeiten haben überregionalen Ruf über das Gothaer Land hinaus erlangt und sind damit in die Geschichte eingegangen, wie häufig aus den großen Fachlexika zu ersehen ist.

Mit ihren außergewöhnlichen Leistungen und Erfolgen haben sie die Geschichte Gothas mitgestaltet und damit den besonderen Rang der Residenzstadt geprägt, die jetzt auf ihr 1225-jähriges Bestehen zurückblicken kann. Angefangen hat dies mit der urkundlichen Ersterwähnung 775 durch Karl den Großen über die glanzvolle Epoche der Landgrafen von Thüringen im Hochmittelalter, in der Gotha mit Burg und Markt eine bedeutende Stadt an der europäischen Handelsstraße Via regia wurde, dann die Herrschaft der mächtigen Wettiner, seit 1423 Kurfürsten von Sachsen, Luthers Aufenthalte in der Stadt und seine Freundschaft mit dem Gothaer Reformator Friedrich Myconius im 16. Jahrhundert, über die Epoche der Gothaer Ernestiner seit Herzog Ernst dem Frommen, dem die Stadt das große, weithin sichtbare Schloss Friedenstein verdankt, und seinen Nachfolgern, die im 18. und 19. Jahrhundert Kunst und Wissenschaft verständnisvoll gefördert haben, bis hin zum wirtschaftlichen Wachstum besonders in der zweiten Hälfte des 19. Jahrhunderts und darüber hinaus - all das war im zweiten Weltkrieg noch bis kurz vor Kriegsende gefährdet, als der österreichische Offizier und Standortkommandant Oberstleutnant Josef von Gadolla sein Leben für die Stadt gab, weil er ihre Kapitulation eingeleitet hatte und am gleichen Tag die Bombergeschwader zum Großangriff im Anflug waren, der in letzter Minute verhindert werden konnte. So konnte sich Gotha nach der Wende 1989/90 wieder zu einer Stadt entwickeln, die im Jahr 2000 schöner denn je geworden ist.

Die Auswahl der hier in Kurzbiographien vorgestellten 195 Gothaer Persönlichkeiten musste freilich aus gutem Grund begrenzt werden, so dass Kenner den einen oder anderen Namen vielleicht vermissen. Im Unterschied zu den oft zitierten, verdienst vollen Gedenkbüchern Gottlob Schneiders, der nicht wenige der darin verzeichneten Gothaer als Zeitgenosse noch persönlich gekannt und seine Erinnerungen daran eingeflochten hat, wird in diesem Lexikon eine größere Vielfalt von Persönlichkeiten über das 19. Jahrhundert hinaus mit Daten und Fakten vorgestellt, die durch weiterführende Literaturhinweise ergänzt werden. Dazu wurde eine kleine Literaturauswahl zur Geschichte der Residenzstadt Gotha sowie ein Abkürzungsverzeichnis für die Literaturangaben bei den einzelnen Personenartikeln beigefügt.

Zum Schluss möchten wir allen danken, die uns bei unserer Arbeit hilfsbereit unterstützt haben, besonders der Forschungsbibliothek Gotha mit ihren reichen Beständen an Nachschlagewerken und Heimatliteratur, ohne die das Lexikon nicht möglich geworden wäre, ferner dem Museum für Regionalgeschichte und Volkskunde Gotha sowie dem Thüringischen Staatsarchiv Gotha und dem Kreisarchiv beim Landratsamt Gotha.

Dr. Helmut Roob
Günter Scheffler

Gotha, April 2000

Aldenhoven, Carl

Geboren am: 25. 11. 1842
Geboren in: Rendsburg
Gestorben am: 24. 09. 1907
Gestorben in: Köln

Kunsthistoriker, Museumsdirektor
Besuch der Gymnasien in Ratzeburg und Altona, Studium der Philologie und Archäologie an den Universitäten Jena, Bonn und Kiel, anschließend mit Hilfe eines staatlichen Stipendiums Studium der italienischen Kunst in Rom; 1869 Gymnasiallehrer in Husum, Freundschaft mit Theodor Storm. 1871 Lehrer am Gymnasium Ernestinum, aus gesundheitlichen Gründen aus dem Schuldienst ausgeschieden. 1873 Bibliothekar, 1877 Direktor des Museums in Gotha. Unter seiner Leitung wurden bis 1890 übersichtliche Mustersammlungen eingerichtet, beliebt wegen seiner zahlreichen Vorträge. 1890 zum Direktor des Wallraf-Richartz-Museums in Köln berufen, hervorragender Kenner der italienischen Kunst und der Kölner Malerschule.

Lit.: Schneider, G: Gothaer Gedenkbuch, Bd. 2, Leipzig-Gohlis 1909; Pachnicke, G: Gothaer Bibliothekare, Gotha 1958; NDB 1 (1953).

Anding, Ernst Emil Ferdinand

Geboren am: 11. 08. 1860
Geboren in: Seebergen bei Gotha
Gestorben am: 30. 07. 1945
Gestorben in: Gotha

Astronom
Sohn eines Seeberger Bauern, nach seiner Gothaer Schulzeit Studium der Astronomie in Jena (1881-1883) und München (1885-1886), promovierte 1888 in München zum Dr. phil., 1895 Privatdozent an der Universität München, 1896 Observator der bayerischen Kommission für internationale Erdmessung, 1903 außerordentlicher Professor an der Münchner Universität. 1906 in Gotha Direktor der herzoglichen „Neuen Sternwarte" in der Jägerstraße 7 bis zur Schließung 1934; in seinen zahlreichen wissenschaftlichen Arbeiten beschäftigte er sich besonders mit klassischen Problemen der Astronomie wie Zeitmessung, Ortsbestimmung und Stellarastronomie.

Lit.: Poggendorff IV-V (1904-1922); NDB 1 (1953).

Arnoldi, Ernst Wilhelm

Geboren am: 21. 05. 1778
Geboren in: Gotha
Gestorben am: 27. 05. 1841
Gestorben in: Gotha

Kaufmann, Bankdirektor, Schriftsteller
1794-1799 Kaufmannslehre in Hamburg am Grüningschen Handelsinstituts, seit 1803 Teilhaber der väterlichen Firma, 1804 Einrichtung einer Farbenfabrik in Remstädt und 1808 einer Steingutfabrik in Elgersburg bei Ilmenau. 1817 wird er zum Kramermeister gewählt; für die Ausbildung von Handlungsgehilfen gründete er 1818 in Gotha die erste deutsche Handelsschule sowie eine kaufmännische Innungshalle. Gründer der ersten deutschen Feuerversicherungsbank (1820) und der ersten deutschen Lebensversicherungsbank (1827) als erste moderne deutsche Versicherungsvereine auf Gegenseitigkeit von überlokalem Charakter, 1823 auf seine Initiative Gründung des Gothaer Gewerbevereins, 1832 Wahl zum Stadtverordneten; 1827 herzoglicher Rat und 1840 Finanzrat. 1836 Gründung seiner Zuckerrübenfabrik und der „Deutschen Zuckerhansa", im gleichen Jahr Eröffnung des von ihm vorgeschlagenen Realgymnasiums. Zu seinem literarischen Nachlaß gehören zahlreiche Aufsätze und über 400 Gedichte.

Würdigung: 1991 Einweihung des neuen Arnoldi-Denkmals am Arnoldiplatz, Arnoldigymnasium mit Gedenktafel, Gedenktafeln am Geburtshaus Hauptmarkt 37 u. am Sterbehaus Hauptmarkt 14.
Lit.: Erkenbrecher, H.: Ernst Wilhelm Arnoldi 1778-1841, Köln/Göttingen 1995; Die Residenzstadt Gotha in der Goethe-Zeit, Bucha bei Jena 1998; ADB 1 (1875); NDB 1 (1953)

August

Geboren am: 14. 08. 1747
Geboren in: Gotha
Gestorben am: 16. 10. 1806
Gestorben in: Gotha

Prinz von Sachsen-Gotha-Altenburg, Offizier
Der Bruder Herzogs Ernst II. von Sachsen-Gotha-Altenburg erhielt mit ihm eine sorgfältige Ausbildung, mußte 1768 als Hauptmann in das

gothaische Infanterie-Regiment eintreten, das in holländischem Sold in Hertogenbusch stationiert war, wo er zum Oberst und Regimentschef ernannt wurde. Vor seinem Dienstantritt Reise mit seinem Bruder nach England. 1771 erste Italienreise über Genf nach Mailand und Rom, 1772 weiter nach Neapel, im Mai über Florenz nach Gotha zurück; nach dem Tod seines Vaters (1772) aus dem Militärdienst ausgeschieden, lebte in Gotha. 1777 Beginn seiner Freundschaft mit Herder in Weimar, zweite Italienreise über Verona und Venedig nach Rom, wo er wieder die klassischen Stätten besichtigte und mit Künstlern und Schriftstellern verkehrte, 1778 zurück durch die Schweiz (mit Tagebuch des Prinzen); seitdem Freundschaft mit Herder, Wieland, Goethe und dem Weimarer Hof, in seinem Brief an Herder und Wieland bekannte er sich zur Französischen Revolution; er war auch Dichter (u.a. Märchen „Princesse Peruche").

Lit.: Nekr D 1806; Eckardt, G.: Das italienische Reisetagebuch von Sachsen-Gotha-Altenburg, Stendal 1985

Avemann, Ernst Ludwig

Geboren am: 28. 12. 1609
Geboren in: Eisenach
Gestorben am: 17. 05. 1689
Gestorben in: Gotha

Jurist, Staatsmann
Sohn eines Eisenacher Bürgermeisters, Gymnasiumsbesuch in Coburg, 1630 Studium der Rechtswissenschaft, Philosophie und Geschichte in Jena und seit 1634 in Rostock und Leyden. 1639 Erzieher des Sohnes des Burggrafen von Kirchberg, seit 1645 als Doktor jur. in Jena tätig. 1649 berief ihn Herzog Ernst der Fromme als Hof- u. Regierungsrat nach Gotha, ab 1660 Konsistorialpräsident, 1673-1675 als Geheimer Rat und Kanzler an der Spitze der Regierung, um den Aufbau der Landesverwaltung des Herzogtums große Verdienste erworben. 1663-1666 Gesandter beim Reichstag in Regensburg, 1685-1688 am kaiserlichen Hof in Wien.

Lit.: Beck A.: Ernst der Fromme, Weimar 1865; Schneider, G.: Gothaer Gedenkbuch, Bd. 2, Leipzig-Gohlis 1909; ADB 1 (1875).

Bachoff von Echt (der Ältere), Johann Friedrich Freiherr

Geboren am: 17. 02. 1643
Geboren in: Gotha
Gestorben am: 27. 10. 1726
Gestorben in: Gotha

Staatsmann dreier Gothaer Herzöge
Nach dem Besuch des Gothaer Gymnasiums ab 1660 Studium der

Rechtswissenschaften in Leipzig; 1665 Berufung zum Privatsekretär des Erbprinzen Friedrich (I.) durch Herzog Ernst den Frommen, im Staatsdienst seit 1666 erst als Regierungssekretär, seit 1673 Hofrat, später Geheimer Rat und Kanzler; als solcher hat er 1680 den Teilungsvertrag der sieben Söhne Ernsts des Frommen ausgearbeitet. Nach dem Tod Herzog Friedrichs I. Mitvormund von dessen beiden Söhnen. Unter Herzog Friedrich II. von Sachsen-Gotha-Altenburg (s.d.) leitete er als Geheimer Ratsdirektor von 1694 bis 1726 die Landesverwaltung im absolutistischen Regierungsstil, von 1694 bis 1696 war er Generalpostmeister der ernestinischen Herzogtümer. 1683 geadelt, wurde er 1691 zum Reichsfreiherrn und Reichshofrat ernannt. Die Hospitalkasse der Residenzstadt förderte er als einer der ersten Gothaer Adligen mit einem größeren Betrag. Sein gleichnamiger Sohn war seit 1731 Kanzler der Gothaer Regierung, sein Enkel Wilhelm Ferdinand seit 1729 Hofrat.

Lit.: Facius, F.: Staat, Verwaltung und Wirtschaft in Sachsen-Gotha unter Herzog Friedrich II. (1691-1732), Gotha 1932; Schneider, G.: Gothaer Gedenkbuch, Gotha 1906 und Bd. 2, Leipzig-Gohlis 1909; Hess, U.: Geheimer Rat und Kabinett in den ernestinischen Staaten Thüringens, Weimar 1962; ADB 1 (1875).

Balthasar

Geboren am: 21. 12. 1336
Geboren in: unbekannt
Gestorben am: 16. 05. 1406
Gestorben: auf der Wartburg bei Eisenach

Landgraf von Thüringen
Zweiter Sohn des Mark- und Landgrafen Friedrich II. des Ernsthaften, regierte nach dessen Tode (1349) gemeinschaftlich mit seinen Brüdern Friedrich III. (gest. 1381) und Wilhelm I., bekämpfte das Raubrittertum in Ostthüringen (1366) und nahm auf der Seite des englischen Königs Edward am Hundertjährigen Krieg gegen Frankreich teil, wurde 1369 zum Ritter geschlagen. Zur besseren Wasserversorgung Gothas, einer seiner Residenzstädte, ließ er 1369 den 29 km langen Leinakanal vom Thüringer Wald anlegen. 1378 entstand das detaillierte Einkommensverzeichnis der Wettiner, das die Abgaben der Städte und Dörfer auflistet und Gotha als einer der wirtschaftlich bedeutendsten Orte in Thüringen ausweist. Bei der Chemnitzer Landesteilung 1382 erhielt Balthasar die Landgrafschaft Thüringen. In Gotha ließ er die Burg Grimmenstein und in Waltershausen die Burg Tenneberg ausbauen, wo er

gern zur Jagd im Thüringer Wald weilte. In mehreren Fehden mit Grafen und Rittern im Thüringer Land gelang es ihm, seinen Landbesitz zu erweitern und sich seine Erwerbungen von König Wenzel 1397 bestätigen zu lassen.

Würdigung:
Landgraf-Balthasar-Weg
Lit.: Beck, A.: Geschichte der Regenten des gothaischen Landes, Gotha 1868; Roob, H.: Gotha im Einkommensverzeichnis der Wettiner 1378, Gothaer Jahrbuch 1998; ADB 2 (1875); Püschel, E.: Landgraf Balthasar zum Gedenken, RuF 14 (1937) 1.

Becker, Friedrich Gottlieb

Geboren am: 09. 11. 1792
Geboren in: Gotha
Gestorben am: 24. 07. 1865
Gestorben in: Gotha

Verleger, Buchhändler, Parlamentsabgeordneter
Zweiter Sohn von Rudolf Zacharias Becker (s. d.), in Leipzig und Göttingen Studium der Philologie und Geschichte, führte nach dessen Tod die väterliche Buchhandlung weiter und legte die beiden überregionalen Zeitungen (Allgemeiner Anzeiger, Nationalzeitung) zusammen. 1839 Gründung eines „Literarischen Museums" (Lesekabinett) mit 3000 Bänden. Am 26. April 1848 als „populärster Mann Gothas" in die Frankfurter Nationalversammlung gewählt, hier im Ausschuss für Gewerbefragen tätig; Vorsitzender des „Gothaer Nachparlaments" (Erbkaiserpartei) vom 26. bis 28.06.1849. Herausgeber des „Gothaischen Tageblattes" als liberale Tageszeitung (bis 1941).

Lit.: Weidner, F.: Gotha in der Bewegung von 1848, Gotha 1908; Witzmann, G.: Die Gothaer Nachversammlung zum Frankfurter Parlament 1849, Gotha 1917; ADB 2 (1875).

Becker, Rudolf Zacharias

Geboren am: 08. 04. 1752
Geboren in: Erfurt
Gestorben am: 28. 03. 1822
Gestorben in: Gotha

Verleger und Volksschriftsteller
Er war einer der profiliertesten und aktivsten Vertreter der Deutschen Spätaufklärung. Er war der Sohn ei-

nes Erfurter Mädchenschullehrers. Nach seinem Theologiestudium in Jena war er 1782 - 1784 Lehrer am „Philanthropinum" in Dessau unter Basedow und Salzmann. Seit 1784 in Gotha, gründete hier 1795 seine erfolgreiche Verlagsbuchhandlung; Herausgeber der „Nationalzeitung der Deutschen" (1796 - 1829) und des „Allgemeinen Anzeigers der Deutschen" (1807 - 1829). Zahlreiche Auflagen erzielten sein „Noth- und Hilfsbüchlein für Bauersleute" (seit 1788, 40 verschiedene Ausgaben bis 1838) und das „Mildheimsche Liederbuch" (seit 1799). Seit 1780 Mitglied (seit 1816 im Senat) der renommierten Akademie der gemeinnützigen Wissenschaften zu Erfurt. Auf Grund eines Aufsatzes mit patriotischem Inhalt wurde er im November 1811 von der französischen Gendarmerie verhaftet und nach Magdeburg in Festungshaft gebracht, erst nach einem Fußfall seiner Frau, die dem durchreisenden Kaiser Napoleon im Frühjahr 1813 eine Bittschrift überreichte, wurde er kurz danach entlassen, so dass ihm das Schicksal des österreichischen Buchhändlers Palm erspart blieb, der aus ähnlichen Gründen 1806 erschossen wurde. Außer seinen erfolgreichen Büchern und Zeitungen hat er weitere Schriften verfaßt, u.a. äußerte er seine Gedanken über eine Schulreform in der Publikation „Über Bürgerschulen".

Würdigung:
Zacharias-Becker-Straße
Lit.: Burbach, F.: Rudolph Zacharias Becker, Gotha 1895; Schneider, G.: Gothaer Gedenkbuch, Gotha 1906; Siegert, R.: Aufklärung u. Volkslektüre, exemplarisch dargestellt an Rudolph Zacharias Becker, Frankfurt 1978; Tölle, U.: Rudolph Zacharias Becker, Versuche der Volksaufklärung im 18. Jahrhundert, Münster 1994; ADB 2 (1875); NDB 1 (1953)

Behm, Ernst

Geboren am: 04. 01. 1830
Geboren in: Gotha
Gestorben am: 15. 03. 1884
Gestorben in: Gotha

Geograph, Begründer des Geographischen Jahrbuches
Zweiter Sohn einer dem Gothaer Bürgertum angehörenden Juristenfamilie, besuchte bis 1849 das Gothaer Gymnasium, studierte in Jena Medizin und promovierte 1853 in Würzburg zum Dr. med. Da er jedoch keine Neigung zum Beruf des praktischen Arztes verspürte, beschäftigte er sich intensiv als Autodidakt mit Geographie und konnte 1856 in die „Geographische Anstalt" von Justus Perthes eintreten. 1866 begründete er das „Geographische Jahrbuch" und wurde 1876 Redakteur der „Geographischen Monatsberichte". 1878 übernahm er nach August Petermanns (s. d.) Tod als Chefredakteur die Leitung der „Mit-

teilungen des Geographischen Instituts" (jetzt „Petermanns Geographische Mitteilungen"). Er war Ehren- bzw. korrespondierendes Mitglied in 23 geographischen Gesellschaften.

Lit.: Gothaer Geographen und Kartographen, Gotha 1985; Schneider, G.: Gothaer Gedenkbuch, Gotha 1906; ADB 46 (1902).

Behrens, Christian

Geboren am: 12. 05. 1852
Geboren in: Gotha
Gestorben am: 14. 09. 1905
Gestorben in: Breslau

Bildhauer
Sohn eines Kürschnermeisters, Lehre beim Gothaer Bildhauer Eduard Wolfgang, 1870 Besuch der Kunstakademie in Dresden, 1872-1877 Schüler von Prof. Ernst Hähnel, danach Kunstreisen u. a. nach Paris, Rom, New York und Boston. 1880-1881 Studium bei den Professoren Kundmann und Hellmer in Wien, danach Bildhauer in Dresden, 1886 wurde er zum Vorstand des Meisterateliers für Bildhauer am Schlesischen Museum der bildenden Künste Breslau berufen, 1896 Professor der Bildenden Künste. Er schuf insgesamt 100 Bildwerke, in Gotha die Statuen von Luther und Melanchthon am Portal der Margarethenkirche, die Bronzestatue Ernst II. im Museum für Natur (1882) und eine Büste von G. A. Sterzing (1893), dem Gründer des Deutschen Schützenbundes (s. d.) am Schiesshaus (Stadthalle), zahlreiche Werke in Berlin, Breslau, Dresden, Leipzig und Rom.

Lit.: Schneider, G.: Gothaer Gedenkbuch, Gotha 1906; TB 3 (1909); Helbing, K., Laue, A.: Bildhauer und Maler in Gotha 1640-1918, Urania Gotha 1999.

Benda, Georg Anton

Geboren am: 30. 06. 1722
Geboren in: Stare Benarky (Alt-Benatek) bei Prag
Gestorben am: 06. 11. 1795
Gestorben in: Köstritz

Komponist, Hofkapellmeister
Sohn eines böhmischen Linewebers, zeichnete sich als Kind durch vorzügliche Anlagen zur Musik aus, König Friedrich II. von Preußen ließ ihn und seine Geschwister in der Ton-

kunst unterrichten, 1742 Violinist der königlichen Kapelle in Berlin und Potsdam, seit 1750 in Gotha, 1765/66 reiste er nach Italien und besucht Bologna, Florenz, Rom, und Neapel. 1770 wird er Kapelldirektor der Gothaer Hofkapelle, hier hat er Melodramen gesprochener Texte mit musikalischer Untermalung komponiert und das deutsche Singspiel wesentlich weiterentwickelt. Das erste Melodram „Ariadne auf Naxos" (1777) hat Mozart sehr geschätzt. Am erfolgreichsten waren seine Singspiele „Der Dorfjahrmarkt" und „Romeo und Julia". Insgesamt hat er in Gotha 13 Bühnenwerke komponiert und aufgeführt, 8 Sinfonien sowie zahlreiche Konzerte und Sonaten. 1778 schied er auf eigenen Wunsch aus dem Gothaer Hofdienst und reiste danach nach Hamburg, Wien und Berlin, wo er seine Bühnenwerke aufführte, aber keine Anstellung erhielt, 1780/81 in Paris mit der Aufführung seiner „Ariadne auf Naxos", später Reisen nach Mannheim und Heidelberg. Seit 1783 lebte er in Georgenthal (bei Ohrdruf / Thüringen), seit 1790 bis zu seinem Tod in Köstritz. Weniger bekannt sind seine zahlreichen Kirchenkantaten, die sonntags in der Gothaer Schlosskirche aufgeführt wurden. In den letzten Jahren haben seine Werke immer wieder Neuaufführungen, u.a. beim Gothaer Ekhof-Festival sowie CD-Aufnahmen erlebt.

Würdigung: Bendastraße
Lit.: Schlichtegroll, F.: Nekr D 1795, Gotha 1798; ADB 2 (1875); NDB 2 (1955), MGG 2 (1999), Personteil 2.

Berghaus, Hermann

Geboren am: 16. 11. 1828
Geboren in: Herford/Westfalen
Gestorben am: 03. 12. 1890
Gestorben in: Gotha

Kartograph, Geograph
Sohn eines Pfarrers, 1842 bis 1845 Besuch des Gymnasiums in Herford. Durch Förderung seines Onkels, der in Potsdam die „Geographische Kunstschule" leitete, wurde er zu einem der bedeutensten Vertreter und Schöpfer der thematischen Kartographie, welche die geographische Verbreitung von Naturerscheinungen wie Vegetation, Klima, Meeresströmungen, Geologie, Tektonik, Oberflächenformen u. a. durch spezielle Karten z. T. in besonderen Atlanten darstellt. 1848 erschien sein erster „Physikalischer Atlas" mit thematischen Karten. In Anerkennung seiner Verdienste ernannte ihn 1868 die philosophische Fakultät der Universität Königsberg zum Ehrendoktor, 1885 Herzog Ernst II. von Sachsen-Coburg und Gotha zum Professor, 1881 verlieh ihm der Geographenkongreß in Venedig eine goldene Medaille.

Lit.: Gothaer Geographen und Kartographen, Gotha 1985; ADB 46 (1902)

Berlet, Gustav

Geboren am: 15. 06. 1817
Geboren in: Gotha
Gestorben am: 29. 12. 1908
Gestorben in: Gotha

Jurist, Gerichtspräsident
Nach Jurastudium seit 1839 im gothaischen Staatsdienst, seit 1858 Vizedirektor am Kreisgericht in Gotha, 1863 Direktor und 1878 Präsident des Landgerichts Gotha (bis 1900), 1889 Ernennung zum Geheimrat, zeitweilig auch Präsident des Gothaer Landtages und Vorsitzender der Stadtverordneten, förderte die Verhandlungen zum Erlass des Gothaer Volksschulgesetzes von 1863 (s. a. Schmidt, Karl).

Würdigung: Gustav-Berlet-Straße
Lit.: Schneider, G.: Gothaer Gedenkbuch, Bd. 2, Leipzig 1909

Besser, Carl Christoph

Geboren: 1724
Geboren in: Dresden
Gestorben am: 08. 03. 1800
Gestorben in: Gotha

Architekt und Baumeister
1756 Baukonduktueur (Bauführer) beim Dresdner Oberbauamt, unter dem Oberbaulandmeister J. H. Schwarze sammelte er erste Erfahrungen, 1758-1761 Hauslehrer für geometrisches Zeichnen beim General von Gersdorf, danach kurmainzischer Leutnant in Erfurt, baute um 1780 privat ein Bergwerk in Mühlberg bei Gotha auf und entwickelte dafür die erste Kolbendampfmaschine in Thüringen. 1774 von Herzog Ernst II. von Sachsen-Gotha-Altenburg zum Ingenieur-Leutnant und Baukommissar für alle technischen Aufgaben in Gotha ernannt, errichtete eine englische Holzdampfmaschine und eine neue „Radstube" für die Wasserkunst. 1784 projektierte er als Leiter des herzoglichen Bauamtes den Komplex der Salzmannschule in Schnepfenthal (Krs. Gotha). Nach seinen Plänen wurde von 1787 bis 1791 die damals modernste Sternwarte Mitteleuropas auf dem Kl. Seeberg bei Gotha gebaut. In Goldbach und Gräfenroda erprobte er 1795 und 1796 an Wirtschaftsgebäuden eine völlig neue Dachkonstruktion.

Lit.: TB 3 (1909); Berbig, M.: Die erste Dampfmaschine in Thüringen, Heimatblätter, Gotha 1905; Fehrmann, U.: Der sächsische Baumeister Carl Christoph Besser, in Sächs. Heimatblätter 12 Jg., Dresden 1966.

Blödner, August

Geboren am: 18. 09. 1852
Geboren in: Gotha
Gestorben am: 01. 08. 1927
Gestorben in: Gotha

Fabrikant, Hofschlossermeister, Stadtverordneter
1877 gründete er seine erste Werkstatt mit einem Gesellen und einem Lehrling und entwickelte mit viel Tatkraft und Wagemut diese Werkstatt zu einem Industrieunternehmen. 1894 wurde er herzoglicher Hofschlossermeister mit 18 Beschäftigten, 1907 waren es bereits 60 Mitarbeiter; sein Betrieb produzierte u.a. Hallentore für Flugzeughallen, Formen für die Gummi-Industrie, Kläranlagenausrüstungen und Eisenkonstruktionen, nach der Jahrhundertwende zunehmend Stahlmöbel (Schränke, Regale). 1904 erhielt er für den Entwurf und die Ausführung einer Stahlkonstruktion für den Turm der Wachsenburg den herzoglichen Verdienstorden; 1910 wurde er Kommerzienrat, 1906-1917 war er Stadtverordneter und Mitglied in verschiedenen städtischen Kommissionen der Residenzstadt Gotha.

Lit.: Escherich, Mark: Villen in Gotha (1), Arnstadt 1998; Urania-Schriftenreihe „Gothaer Firmengeschichte" H. 9, Gotha 2000.

Blödner, Oskar

Geboren am: 24. 05. 1853
Geboren in: Gotha
Gestorben am: 25. 09. 1916
Gestorben in: Gotha

Kaufmann, Fabrikant, Wohltäter
Schulzeit am Realgymnasium in Gotha, 1871 erfolgreicher Abschluß der Lehre als Kaufmann. 1878 gründete er mit seinem Kompagnon Hermann Vierschrodt das Unternehmen Blödner & Vierschrodt, aus der Schlauchweberei wurde 1914 eine bedeutende Gummifabrik mit über 750 Mitarbeitern; 1903 erfolgte die Gründung einer Arbeiterunterstützungskasse und 1909 die Gründung einer Unterstützungskasse für Angestellte. Seine wirtschaftlichen Erfolge ermöglichten dem sozial engagierten Unternehmer großzügige Spenden für den Armenrat, das Roten Kreuz, die Feuerwehr, die Jugendpflege, das Blindenheim und das Pflegeheim mit über 130.000 Mark; 1891 bis 1903 war er Stadtverordneter.

Würdigung: Oskar-Blödner-Straße
Lit.: Escherich, M.: Villen in Gotha (1), Arnstadt 1998; Urania-Schriftenreihe „Gothaer Firmengeschichte" H. 10, Urania Gotha 2000.

Blumenbach, Johann Friedrich

Geboren am: 11. 05. 1752
Geboren in: Gotha
Gestorben am: 22. 01. 1840
Gestorben in: Göttingen

Naturforscher, Anatom und Anthropologe
Sohn eines Gymnasialprofessors, 1759 Besuch des Gothaer Gymnasiums, Medizinstudium in Jena (1769) und Göttingen (1772), promovierte 1775 zum Dr. med. Mit 24 Jahren erhielt er eine Professur für Medizin und Naturgeschichte in Göttingen und als erster Universitätsprofessor hielt er Vorlesungen über vergleichende Anatomie. 1778 wurde er ordentlicher Professor der Medizin und 1816 Obermedizinalrat.
Sein „Handbuch der Naturgeschichte" (1779) erschien bis 1830 in zwölf Auflagen und wurde in fast alle Sprachen Europas übersetzt, das 1805 erschienene „Handbuch der vergleichenden Anatomie und Physiologie" war das erste seiner Art. Seine umfangreiche Schädelsammlung (1790-1828) enthält die Ergebnisse seiner Forschungen über die Schädelformen der verschiedenen Völker. Bis zu seinem 88. Lebensjahr hat er Vorlesungen gehalten und war ein beliebter Hochschullehrer. Er hat zahlreiche Arbeiten zur modernen Naturgeschichte veröffentlicht und hohe Auszeichnungen für sein wissenschaftliches Wirken erhalten, u. a. Ritter der westfälischen Legion (1812), des bayerischen Verdienstordens (1824) und der Ehrenlegion (1837). Er war Mitglied in 78 Akademien und gelehrten Gesellschaften, darunter der Preußischen Akademie der Wissenschaften zu Berlin (1812) und der Akademie der Naturforscher „Leopoldina" (1825). Mit den bedeutendsten Naturforschern seiner Zeit war er befreundet und hat eine Reihe von jungen Gelehrten, darunter Alexander von Humboldt, bei der Vorbereitung ihrer Forschungsreisen beraten. Als Begründer der modernen Anthropologie hat er die mythologischen Vorstellungen seiner Zeit abgelehnt und als Zoologe bereits vor Darwin den wesentlichen Inhalt des Entwicklungsgedankens erkannt.

Würdigung: Blumenbachstraße, seit 1878 Blumenbach-Denkmal an der Parkallee, Gedenktafel am Geburtshaus Fritzelsgasse 1
Lit.: N Nekr D, Weimar 1842; Poggendorff 1 (1863); ADB 2 (1875); NDB 2 (1955); Götze, O.: Der Naturforscher Blumenbach, RuF 4 (1927) 2.

Bock, Wilhelm

Geboren am: 28. 04. 1846
Geboren in: Großbreitenbach bei Ilmenau
Gestorben am: 22. 06. 1931
Gestorben in: Bad Sulzbach

Politiker, Gewerkschafter, Publizist
Sohn eines Arbeiters, 1860-1864 Schuhmacherlehre in Arnstadt, 1865-1869 Schuhmachergeselle in Hamburg, 1866 Mitglied des Hamburger Arbeiterbildungsvereins und 1867 des Allgemeinen Deutschen Arbeitervereins. 1869 nach Gotha gekommen, wurde er 1873 Vorsitzender der Internationalen Gewerkschaft der Schuhmacher. Er hat den Vereinigungskongress der Sozialdemokraten und Lasalleaner organisatorisch vorbereitet, der vom 22. - 27. Mai 1875 in Gotha stattfand und zur Gründung der Sozialdemokratischen Arbeiterpartei auf der Grundlage des „Gothaer Programms" (erst 1890 veröffentlicht) führte. 1875-1878 Herausgeber des „Weckers" (Gewerkschaftszeitung der Schuhmacher); 1878 Gründer des sozialdemokratischen „Gothaer Volksblatt", 1878-1887 Redakteur der Zeitung „Der Schuhmacher". 1888-1918 Mitglied des Reichstages und 1893-1918 Mitglied des Landtages des Herzogtums Coburg-Gotha, erwarb 1907 das „Volkshaus zum Mohren" für die sozialdemokratische Arbeiterbewegung. 1917 Mitbegründer der USPD, 1918-1919 Mitglied des Gothaer Arbeiter- und Soldatenrates und des Rates der Volksbeauftragten, 1919 Mitglied der Weimarer Nationalversammlung und 1920-1930 Mitglied des Reichstags. Er wandte sich gegen den Anschluss der USPD an die Kommunistische Internationale, lehnte die Vereinigung mit der KPD ab und schloss sich 1922 der SPD an, bis 1931 nahm er an allen Parteitagen der SPD teil.

Würdigung: Wilhelm-Bock-Straße, Grabmal auf dem Hauptfriedhof
Lit.: Geschichte der deutschen Arbeiterbewegung - Biographisches Lexikon, Berlin 1970; Bock, W.: Im Dienste der Freiheit, Gotha 1927 (Autobiographie)

Böhner, Johann Ludwig

Geboren am: 08. 01. 1787
Geboren in: Töttelstädt bei Gotha
Gestorben am: 28. 03. 1860
Gestorben in: Gotha

Komponist und Pianist
Sohn eines Organisten, wurde vom Vater im Klavier-, Orgel- und Violinspiel unterrichtet, besuchte mit 11 Jahren das Gymnasium in Erfurt, als 10-jähriger komponierte er Schillers Hymne „An die Freude". Weiterer Musikunterricht bei Erfurter Organisten. 1805 ging er als Musiklehrer nach Gotha, wo er dem dortigen Hofkapellmeister Louis Spohr (s. d.) begegnete. 1809 ging er nach Jena und führte seitdem ein bewegtes Wanderleben, seine Konzertreisen als virtuoser Pianist führten ihn 1811 nach Nürnberg und bis 1840 weiter durch Deutschland, wo sein virtuoses Spiel, u. a. auch an der Orgel in der Frankfurter Paulskirche und in Weimar als Gast von Franz Liszt und Robert Schumann, hohe Anerkennung fand; erhielt aber nirgends eine feste Anstellung. Als „Thüringer Mozart" bezeichnet, ist er als tragische Gestalt in die Musikgeschichte eingegangen und hat sein Leben in Gotha in Armut beschlossen. Hier wird aus seinem umfangreichen kompositorischen Werk manches wieder aufgeführt, darunter die Ouvertüre seiner Oper „Der Dreiherrenstein" und der „Inselsberg-Walzer", auch eine CD ist jetzt erschienen.

Würdigung: Böhnerstraße; Gedenkstein auf dem Hauptfriedhof
Lit.: ADB 3 (1876); MGG 15 (1973); Böhner, J. L.: Lebensgeschichte, Friedenstein, Gotha 1960; Preuß, J.: J. L. Böhner, Gotha 1960 (FB Gotha, H. 8).

Bohnstedt, Ludwig Franz Carl

Geboren am: 15. 10. 1822
Geboren in: St. Petersburg
Gestorben am: 04. 01. 1885
Gestorben in: Gotha

Architekt
1839 Studium der Kunstgeschichte an der Universität in Berlin, Schüler der dortigen Bauakademie, Nachhilfelehrer für Zeichnen und Mathematik in St. Petersburg, erste Tätigkeit als Architekt beim Bau eines Wohnhauses, die russische Großfürstin Helene ernennt ihm zum Hofarchitekten, 1851-1854 Oberarchitekt in der russischen Regierung, 1858 Hofrat und Professor an der Kunstakademie in St. Petersburg. 1862 Übersiedlung nach Gotha, hier von 1866 bis 1871 ehrenamtlicher Senator für das Bauwesen der Stadtverwaltung Gotha. 1872 erhielt er bei einem internationalen Wettbewerb den 1. Preis für den Bau eines deutschen Reichstagsgebäude unter mehr als 100 Bewerbern, der Entwurf wurde aber nicht ausgeführt (weil er kein Berliner war!). 1874 erfolgt seine Ernennung zum Mitglied der Königl. Akademie der Künste in Berlin, 1875 zum Ehrenmitglied der

Bauakademie in Amsterdam, 1876 Verleihung der 1. Medaille auf der Kunstausstellung in München. In Gotha baute er u. a. die Feuerversicherungsbank (1874), die Privatbank sowie mehrere Villen und in Eisenach die Villa des mecklenburgischen Dichters Fritz Reuter am Fuß der Wartburg.

Würdigung: Bohnstedtstraße
Lit.: Dolgner, D.: Architektur im 19. Jahrhundert - Ludwig Bohnstedt, Leben und Werk, Weimar 1979; ADB 47 (1903); TB 4 (1910)

Bothmann, Fritz

Geboren am: 05. 04. 1858
Geboren in: Sonneborn
Gestorben am: 25. 12. 1928
Gestorben in: Gotha

Karussell- und Schienenfahrzeugbauer
Sohn eines Gutsverwalters, seit 1882 Schlossermeister, 1883 Gründung einer Schlosser- u. Maschinenbauerei „Fritz Bothmann & Comp." in der Großen Fahnenstraße 11 in Gotha, im gleichen Jahr die Fertigstellung des ersten Schiffskarussells in Deutschland. Da die alte Werkstatt zu klein war, erfolgte 1885 die Eröffnung einer größeren Werkstatt in der Langensalzaer Straße 24, wo Karussells, Schaukeln und Wohn- und Packwagen für Schausteller gebaut wurden. 100 Arbeitskräfte waren bei der Herstellung von 50 Karussells pro Jahr beteiligt, die er nach Rußland, Griechenland, Frankreich, Belgien, Afrika und Amerika exportierte, damit wurde Bothmann zum „Vater des deutschen Karussellbaus". Die ständig steigende Nachfrage im In- und Ausland veranlasste ihn 1892, seine Firma durch die Gründung der Firma „Fritz Bothmann & Glück" zu vergrößern. Durch seinen Spürsinn für zukunftsträchtige und profitbringende Erzeugnisse kam es 1894 auch zur Herstellung von Schienenfahrzeugen und des ersten für die Stadt Gotha bestimmten Straßenbahnwagens, ab 1896 ist der Schienfahrzeugbau mit etwa 200 Beschäftigten fester Bestandteil der Firma, 1898 erfolgte die Gründung der Waggonbau AG mit einem Gesamtkapital von 1 Mio. Mark; 1903 scheidet Bothmann als Direktor der AG aus und eröffnete als alleiniger Besitzer eine neue Fabrik mit 25 Beschäftigten für den Bau von Karussells und Waggons; für seine Verdienste um die Wirtschaft Gothas erhält er 1912 den Titel „Kommerzienrat".

Lit.: Schriftenreihe zur Betriebs- und Firmengeschichte der Stadt Gotha, Heft 12, Urania Gotha 2000

Braun, Emil

Geboren am: 19. 04. 1809
Geboren in: Gotha
Gestorben am: 12. 09. 1856
Gestorben in: Rom

Archäologe
Sohn eines herzoglichen Forstmeisters, Besuch des Gothaer Gymnasiums, seit 1832 praktische Ausbildung zum Archäologen in Dresden, Göttingen und München, 1833 nach Rom, 1835 als ständiger Sekretär am Archäologischen Institut in Rom, wo er Redakteur der Institutszeitschriften (Annali; Bolletino) war. Durch sein Wirken blieb der internationale Charakter des Instituts erhalten und Kunstwerke aus Privatsammlungen wurden der Öffentlichkeit zugänglich. Zu seinen Publikationen gehören u. a. „Zwei Dekaden antiker Marmorwerke" (1843) und „Die 12 Reliefs der Villa Spada" (1845); mit seiner Tätigkeit in Rom hat er zu einer neuzeitlichen Wiederbelebung der Altertumswissenschaft beigetragen. Mit den Brüdern Jacob und Wilhelm Grimm verband ihn ein längerer Briefwechsel.

Lit.: Schneider, G.: Gothaer Gedenkbuch, Gotha 1906; Emil Brauns Briefwechsel mit den Brüdern Grimm und Joseph von Laßberg, Gotha 1891; ADB 3 (1876); NDB 2 (1955).

Bretschneider, Carl Gottlieb

Geboren am: 11. 02. 1776
Geboren in: Gersdorf im Erzgebirge
Gestorben am: 22. 01. 1848
Gestorben in: Gotha

Theologe, Reformationshistoriker
Studium der Theologie in Leipzig, 1804 Promotion und Habilitation, später Hauslehrer, Privatdozent an der Universität Wittenberg, Oberpfarrer in Schneeberg und Superintendent in Annaberg in Sachsen, 1816-1848 Generalsuperintendent und Hofprediger in Gotha, seit 1836 auch Lehrer am Gymnasium Ernestinum. Er war ein umfassend gebildeter Theologe mit gemäßigt rationalistischer Anschauung, theologisches Hauptwerk „Handbuch der Dogmatik der evangelisch-lutherischen Kirche" (2 Bände, von 1814 bis 1834, vier Auflagen), außerdem u. a. ein „Lexicon manuale (Handwörterbuch) Graeco-Latinum in li-

bros Novi Testamenti". Für das von ihm geplante „Corpus reformatorium" (Gesamtwerk der Reformation) hat er 1834 mit der Herausgabe der Werke und Briefe Philipp Melanchthons den Anfang gemacht (bis zu seinem Tod 14 Bände, 1860 von H. E. Bindseil mit dem 28. Band abgeschlossen), bis in die Gegenwart immer noch grundlegendes Werk für die Melanchthon-Forschung.

Lit.: Bretschneider, C. G.: Aus meinem Leben, Gotha 1851; RGG (2. Aufl.) 1 (1998); TRE 7 (1981); Schneider, G.: Gothaer Gedenkbuch, Gotha 1906; ADB 3 (1876); NDB 2 (1955).

Briegel, Carl Wolfgang

Geboren im: Frühjahr 1626
Geboren in: Königsberg (Unterfranken)
Gestorben am: 19. 11. 1712
Gestorben in: Darmstadt

Kirchenmusiker
Sohn eines Apothekers, um 1636 wegen seiner schönen Sopranstimme in den Hauptchor der Nürnberger Frauenkirche aufgenommen, nach vier Semestern Studium in Altdorf, 1645 Organist in Schweinfurt, erste eigene Kompositionen. 1651 Berufung durch Herzog Ernst den Frommen zum Hofkantor nach Gotha, später Hofkapellmeister und Musiklehrer der Kinder des Herzogs; 600 Kompositionen, darunter „Evangelischer Blumengarten" (4 Teile, 1666-1668), „Geistliche Gespräche und Psalmen" (1677), zahlreiche geistliche Kantaten, Arien und Motetten. 1761 berief ihn seine beste Schülerin, die älteste Tochter Herzog Ernsts des Frommen, Elisabeth Dorothea an ihren Hof nach Darmstadt, wo er nach erfolgreicher Tätigkeit 1709 in den Ruhestand trat.

Lit.: Noack, E.: Wolfgang Carl Briegel, Berlin 1963; MGG, Personalteil 2 (2000).

Briegleb, August

Geboren am: 07. 10. 1840
Geboren in: Eisenach
Gestorben am: 14. 01. 1924
Gestorben in: Gotha

Ingenieur, Fabrikant
Sohn eines Professors am Gymnasium Ernestinum in Gotha, nach seinem Studium 1868 Eintritt als Teilhaber in die Fa. Briegleb, Hansen & Co. (1861 gegr.), die er vom handwerklichen Maschinenreparaturbetrieb zur Maschinenbaufabrik seit 1875 südlich vom Eisenbahngelände zu einem Turbinenbaubetrieb mit europaweitem Export entwickelt hat (s.a. Hansen, Wilhelm). Mit der wachsenden Beschäftigtenzahl (um 1910/11: 570 Arbeiter und Angestellte) hat sich Briegleb bald auch für die Bildung sozialer Einrichtun-

gen eingesetzt (1873 Betriebskrankenkasse, 1889 Sterbekasse zur Unterstützung Hinterbliebener, 1897 Briegleb-Stiftung für Beihilfen zur Erholung kranker Betriebsangehöriger). Auch für die Förderung des Baus von Arbeiterwohnungen war er im Bauverein für Arbeiterwohnungen und im Gewerbeverein aktiv. 1922 wurde eine neue Straße in der Nähe seiner Fa. Briegleb, Hansen & Co. nach ihm benannt, die 1971 dort errichteten Wohnblöcke werden zusammen mit den ersten Altbauten (1922) nach der Sanierung „August Briegleb Wohnpark" (1999), Brieglebstraße, bezeichnet.

Würdigung: Brieglebstraße
Lit.: Ellenberg, U.; Siegmund, M.: Briegleb, Hansen & Co., 2. Auflage URANIA Gotha, 2000.

Broßmann, Gustav

Geboren am: 12. 04. 1830
Geboren in: Gotha
Gestorben am: 08. 08. 1897
Gestorben in: Dresden

Bildhauer

1851 Studium an der Kunstakademie in Dresden, seit 1853 Schüler von Prof. E. Hähnel, 1860-1862 Aufenthalt in Italien, Rückkehr nach Dresden; 1854 entwarf er die Skulptur der Heiligen Elisabeth für den König von Griechenland, 1888 erhält er in Dresden den Professorentitel, in Gotha gestaltete er für das Museum der Natur die zwei großen weiblichen Figuren beiderseits des Haupteingangs; außerdem eine Arnoldi-Büste (Museum für Versicherungsgeschichte), als Ehrung für sein Schaffen bekam er 1890 die Verdienstmedaille des Ernestinischen Hausordens.

Lit.: TB 5 (1911)

Bube, Adolph August

Geboren am: 23. 09. 1802
Geboren in: Gotha
Gestorben am: 17. 10. 1873
Gestorben in: Gotha

Dichter, Archäologe, Museumsdirektor

Sohn eines Hauptmanns, Privatunterricht in Molsdorf, 1817 Besuch des Gymnasiums in Gotha, 1821-1824 Studium der Philologie, Literatur und Archäologie in Jena, Bekanntschaft mit Goethe; 1824 Erzieher in der Familie des Freiherrn von Lindemann in Coburg. Seine ersten Gedichte erschienen 1825, seit 1834 Archivsekretär in Gotha, 1839 Oberkonsistorialsekretär, 1842-1858 Direktor des Gothaer Kunstkabinetts, 1853 Archivrat, 1858 Vorsitzender des Kunstvereins. Verfasser einer Sammlung „Thüringische Sagen" (1837), „Deutsche Sagen" (1839) sowie zahlreicher Gedichte, Romanzen und Balladen.

Lit.: ADB 3 (1876); Brümmer, F.: Lexikon der deutschen Dichter, Bd. 1, Leipzig 1913.

Buchwald, Juliane Franziska von

Geboren am: 07. 10. 1707
Geboren in: Paris
Gestorben am: 19. 12. 1789
Gestorben in: Gotha

Oberhofmeisterin der Herzogin
Älteste Tochter des Oberhofjägermeisters Freiherr von Neuenstein, die gebildete Mutter leitete ihre Erziehung, 1724 Hofdame der verwitweten Herzogin Elisabeth Sophie von Sachsen-Meiningen in Coburg, 1735 Hofdame bei der Herzogin Luise Dorothea von Sachsen-Gotha und Altenburg, 1739 Heirat mit dem Oberhofmeister Schack Hermann von Buchwald, durch diese Heirat Oberhofmeisterin der Herzogin. Verehrerin der französischen Kultur, war bekannt mit Goethe, Voltaire, Wieland, Herder, Friedrich dem Großen, durch ihre Initiative wurde das Theaterspiel am Gothaer Hof wieder ins Leben gerufen, sie trat selbst in französischen Komödien auf, ihr Einfluß bei Hofe war sehr bedeutend und bei allen wichtigen Angelegenheiten wurde sie zu Rate gezogen.

Würdigung: Buchwaldgasse, Gedenktafel in der Kirche Siebleben
Lit.: ADB 3 (1876); Bessenrodt, O.: Der Hof der Herzogin Luise Dorothee, Gotha 1924.

Carus, Franz Ernst Otto

Geboren am: 25. 12. 1862
Geboren in: Baruth bei Potsdam
Gestorben am: 24. 12. 1945
Gestorben in: Gotha

Architekt, Dozent
Nach der Erlernung des Maurerberufs erfolgte seine weitere Ausbildung an den Baugewerbeschulen in Holzminden und Treuenbrietzen, am Technikum Hildburghausen und an den TH in München, Zürich und Genf. 1891 als Architekt Bauleiter beim Bau des Postgebäudes in Aachen, 1892-1928 Lehrer an der herzoglichen Baugewerbe- und Handwerkerschule in Gotha (1905 Oberlehrer, 1911 Professor). Sein umfangreiches Schaffen umfaßte die Projektierung von Fabrik- u. Geschäftsbauten, Wohnhäusern, landwirtschaftlichen Anlagen sowie Sakralbauten; seine Wirkungsstätten waren neben Gotha auch Waltershausen, Tabarz, Oberhof, Zella-Mehlis und Mühlhausen, seine Ge-

bäude entwarf er in einem historisierenden, gründerzeitlichen Stil und im traditionellen Fachwerkbau; in Gotha hat er mit zahlreichen repräsentativen Wohnhäusern und Villen des Stadtbild bereichert, dazu kommen Fabrikgebäude für die Gummifabrik Blödner & Vierschrodt, die Maschinenfabrik Brand & Grasemann und das Druckereigebäude für den Perthes-Verlag. 1922 Gründung einer Stiftung zur Förderung von Bau-Schülern, 1928-1933 private Architektentätigkeit. Für die Erforschung seiner Ahnen hat er 1916 die Carus-Familienstiftung gegründet, später hatte er sich vor allem der Dichtung zugewandt.

Lit.: Escherich, M.: Villen in Gotha, Arnstadt 1998; Carus, O.: Die Geschlechterfolge der Familie Carus, Göttingen 1940.

stein; 1920/21 wurden die Häuser Salzmann-, Pestalozzi- und Boilstädter Straße als Sozialwohnungen errichtet (1999 saniert).

Würdigung: Cosmarstraße
Lit.: Schneider, G.: Gothaer Gedenkbuch, Gotha 1906; Goth. Tageblatt vom 23.12.1899 (Nachruf).

Cosmar, Julius

Geboren am: 17. 06. 1820
Geboren in: Stettin
Gestorben am: 21. 07. 1899
Gestorben in: Gotha

Gutsbesitzer, Wohltäter der Stadt Gotha
Gutsbesitzer und Landwirt in Workallen bei Mohrungen (Ostpr.), 1860 nach Berlin-Charlottenburg, 1893 nach Gotha gezogen, wo er kaum bekannt und zurückgezogen seinen Lebensabend verbrachte, er stiftete sein Vermögen von rund 700.000 Mark für gemeinnützige Zwecke testamentarisch der Stadt Gotha, seine Kunstsammlung als Schenkung dem Museum auf Schloss Frieden-

Cramer, Alfred

Geboren am: 06. 08. 1872
Geboren in: Gotha
Gestorben am: 24. 06. 1938
Gestorben in: Gotha

Architekt, Baurat
Nach der Maurerausbildung in Gotha besuchte er erst 16-jährig von 1888-1892 die hiesige Baugewerbeschule und danach die Technische Hochschule in Stuttgart, wo er 1894

eine Goldmedaille für seinen Entwurf einer Kunsthalle erhielt; seit 1901 in Gotha Dozent an der Baugewerbeschule und Kirchenbaupfleger; bald selbständig mit eigenem Büro. Entwürfe für den Erweiterungsbau der Feuerversicherungsbank (1902), das Gebäude der „Herzogin-Marie-Stiftung" in der Pestalozzistraße 2 (1906), die Ausstellungshalle des Gothaer Kunstvereins (1907) am Siebleber Wall, das Säuglingsheim in der Schlichtenstraße (1912) sowie das Gebäude der Ortskrankenkasse in der Lutherstraße (1914); außerdem Dorfkirchen in Fröttstädt (Krs. Gotha) und Kälberfeld (Krs. Eisenach) sowie verschiedene Miethäuser. Sein architektonisches Meisterwerk ist das Gebäude der Bauschule (1910/11) mit angegliederter landwirtschaftlicher Winterschule am Trützschler-Platz, in nur 15 Monaten im eigenen „Cramer-Stil". Mit seinen Bauten hat er in der Residenzstadt Gotha städtebauliche Akzente gesetzt.

Lit.: Gerstenberger, A.; Prager, U.: Die architektonische Gestaltung der Ingenieurschule für Bauwesen Gotha, Gotha 1981 (Typoskr.)

Cranach, Lucas d. Ä.

Geboren: 1472
Geboren in: Kronach
Gestorben am: 16. 10. 1553
Gestorben in: Weimar

Maler, Graphiker
Obwohl Lucas Cranach kein Gothaer war, war er durch seine Heirat mit der Tochter Barbara des Gothaer Ratsherren Jobst Breng(e)bier (um 1512) und durch den Besitz eines Hauses (1518 erwähnt), vermutlich heutiges „Cranach-Haus" am Hauptmarkt 17 zeitweilig mit Gotha verbunden, außer den Lebensdaten von Cranachs Frau (1477-1540) ist kaum mehr bekannt; ihre Tochter Ursula (Geburtsdatum unbekannt) heiratete 1544 in Wittenberg den aus Würzburg stammenden Juristen Georg (Jörgen) Dasch (1500-1578), später Ratsherr in Gotha, durch die Beschlagnahme des Familienvermögens 1567 verschuldet, ihr Bruder erlöste Ursula aus dem Schuldgefängnis; ihre Schwester Barbara (1520-1601) war mit dem Kanzler Dr. Christian Brück verheiratet (1543), der mit seinem Landesherrn Herzog Johann Friedrich II. dem Mittleren (s.d.) an den Grumbachschen Händeln beteiligt war und am 18. April 1567 in

Gotha auf dem Hauptmarkt im Beisein seiner Frau hingerichtet wurde. Das Schlossmuseum im Schloss Friedenstein besitzt mehrere Gemälde sowie eine größere Anzahl von Graphiken Lucas Cranachs.

Würdigung: Lucas-Cranach-Haus, Hauptmarkt 17 mit modernem Doppelwappen Cranach-Dasch (undatiert)
Lit.: Schade, W.: Die Malerfamilie Cranach, Dresden 1974; TB 8 (1913).

Credner, Karl Friedrich Heinrich

Geboren am: 13. 03. 1809
Geboren in: Waltershausen
Gestorben am: 28. 09. 1876
Gestorben in: Halle

Mineraloge und Geologe
Nach dem Besuch des Gothaer Gymnasiums 1828-1831 Studium an der Bergakademie in Freiberg (Sachsen) und an der Universität Göttingen, im Auftrag der Gothaer Regierung Reisen nach Sachsen, Böhmen und Schlesien, 1833 Bergassistent, 1839 Bergmeister, 1842 Katalogisierung der mineralogischen Sammlung (heute im Museum der Natur), 1850 Bergrat und 1854 Regierungsrat; außerdem im Aufsichtsrat der Gothaer Lebensbank, des Gaswerkes und der Eisenbahndirektion. 1858 Berufung als Oberbergrat in das Ministerium in Hannover, 1866 Versetzung nach Berlin, seit 1868 Geheimer Oberbergrat in Halle. Mitglied verschiedener Akademien und wissenschaftlicher Gesellschaften wie der Akademie der Gemeinnützigen Wissenschaften zu Erfurt und der Geologischen Gesellschaft in London.

Würdigung: Credneria: fossile Pflanzengattungen der Kreideformation mit platanenähnlichen Blättern.
Lit.: Schneider, G: Gothaer Gedenkbuch (2) 1909; Poggendorff III (1898); ADB (47) 1903; NDB 3 (1957)

Creutzburg, August

Geboren am: 06. 03. 1892
Geboren in: Fischbach
Gestorben: 1938
Gestorben in: Saratow, Rußland

Politiker
Maler und Lackierer, 1908 Mitglied der SPD, 1912-1918 Soldat, 1917 Mitglied der USPD, 1919-1920 Parteisekretär des linken Flügel der USPD, war für die Vereinigung mit der KPD, der er 1920 beitrat. Im März 1920 leitete er den bewaffneten Kampf der Gothaer Arbeiter im Kapp-Putsch gegen Reichswehreinheiten; danach als Parteisekretär in verschiedenen Orten Deutschlands tätig, zuletzt 1929-1933 Leiter der Oranisationsabteilung des Zentralkomitees der KPD; 1924-1928 und 1930-1933 Mitglied des Reichstags. 1933 Emigration erst nach Westeuropa, 1935 in die damalige Sowjetunion, wo er als Lektor arbeitete; 1937 Opfer des Stalinismus und unter falschen Anschuldigungen 1938 hingerichtet.

Würdigung:
August-Creutzburg-Straße
Lit.: Geschichte der deutschen Arbeiterbewegung - Biographisches Lexikon, Berlin 1970; Matthiesen, H.: Bürgertum und Nationalsozialismus in Thüringen, Gotha 1918-1930, Jena/Stuttgart 1994.

Cyprian, Ernst Salomon

Geboren am: 22. 09. 1673
Geboren in: Ostheim/Franken
Gestorben am: 19. 09. 1745
Gestorben in: Gotha

Theologe, Reformationshistoriker, Bibliothekar
Sohn eines Apothekers, 1692 Studium der Medizin an der Universität in Leipzig und danach in Jena, hier Abbruch des Medizinstudiums um Theologie, Hebraistik und Kirchengeschichte zu studieren, 1699 außerordentlicher Professor der Philosophie in Helmstädt, 1700 Professor für Theologie und Rektor am Casimirianum in Coburg; 1706 Promotion in Wittenberg zum Doktor der Theologie, 1713 Berufung durch Herzog Friedrich II. von Sachsen-Gotha-Altenburg zum Kirchenrat und Direktor der Gothaer Bibliothek; 1714 Konsistorialrat, seit 1723 auch Direktor des Münzkabinetts, 1735 Vizepräsident des Oberkonsistoriums in Gotha; Mitglied der Preußischen Akademie der Wissenschaften Berlin (1703). Er war einer der bedeutendsten Vertreter der lutherischen Orthodoxie zwischen Pietismus, den er bekämpfte, und Frühaufklärung, und eifriger Reformati-

onshistoriker, u. a. erschien 1730 seine auf Quellenstudium fußende „Historia der Augspurgischen Confession". Mit der Publikation eines Verzeichnisses der Handschriften in der Gothaer Bibliothek (1714) hat er diese europaweit bekannt gemacht und durch seine umfangreichen Erwerbungen von Handschriften und Büchern aus der Reformationszeit „zu einer wissenschaftlichen Anstalt gemacht (und) ihre Schätze zuerst wissenschaftlich verwertet" (R. Ehwald).

Lit.: ADB 4 (1876); NDB 3 (1957); Ernst Salomon Cyprian (1673-1745) zwischen Orthodoxie, Pietismus und Frühaufklärung, Gotha 1996 (FB Gotha, H. 34) TRE 8 (1981); RGG 1 (1957).

Dannenberg, Ernst

Geboren am: 11. 03. 1831
Geboren in: Großsalza
              bei Magdeburg
Gestorben am: 13. 03. 1904
Gestorben in: Gotha

Apotheker
Medizinalrat in Gotha, aufopferungsvolle medizinische Versorgung der Verwundeten von 1866 (Schlacht bei Langensalza) und des Krieges 1870/71 sowie bei der Bekämpfung von Cholera-Epidemien. Mitglied der Armen- und Sanitätskommission, Inspizient des städtischen Krankenhauses, seit 1873 maßgeblich an der Einführung der Feuerbestattung durch das erste Krematorium in Deutschland (1878) beteiligt, 1873-1903 als Vorsitzender des Gothaer Kunstvereins zahlreiche Ausstellungen mit namhaften Gothaer und auswärtigen Künstlern organisiert, 1902 Vorstandskommissar der Feuerversicherungsbank.

Lit.: Schneider, G.: Gothaer Gedenkbuch, Gotha 1906

Dittes, Friedrich

Geboren am: 23. 09. 1829
Geboren in: Irfersgrün bei
              Auerbach (Vgtl.)
Gestorben am: 15. 05. 1896
Gestorben in: Preßbaum bei Wien

Pädagoge, Schulreformer
1844-1848 Besuch des Lehrerseminars in Plauen, 1849 Lehrer an der Bürgerschule in Reichenbach, 1850-1852 Studium der Philologie, Natur-

wissenschaften u. Pädagogik in Leipzig; 1853-1857 Lehrer in Plauen, 1860 Subrektor in Chemnitz und Promotion zum Dr. phil.; 1865 Ernennung zum Seminardirektor und Schulrat, als Landesschulinspektor nach Gotha berufen, hier führte er die von seinem Vorgänger Karl Schmidt (s.d.), der 1863 ein modernes Volksschulgesetz für das Herzogtum Gotha erarbeitet und zur Einführung gebracht hatte, begonnene Schulreform zum Abschluß; am Lehrerseminar unterrichtete er in den oberen Klassen Pädagogik und Psychologie, wobei er pädagogisches Gedankengut von Comenius, Pestalozzi und Diesterweg für die Förderung der Lehrerbildung verwandte. 1868 nahm er das Angebot der Leitung des Lehrerbildungswesens in Wien an, weil er sich dort einen größeren Wirkungskreis versprach. Er hat verschiedene erfolgreiche Bücher verfasst, u. a. „Grundriß der Erziehungs- und Unterrichtslehre" (1868) und seine fünfteilige „Schule der Pädagogik" (1868-1876).

Würdigung: Dittesstraße
Lit.: ADB 47 (1903); NDB 4 (1959); Hertel, R.: Dr. Friedrich Dittes in Gotha, RuF 6 (1929) Nr. 21.

Doebel, Johannes

Geboren am: 02. 11. 1835
Geboren in: Erfurt
Gestorben am: 02. 07. 1908
Gestorben in: Gotha

Politiker, Versicherungsfachmann, Ehrenbürger
Geheimer Finanzrat, über 40 Jahre Direktor der Gothaer Feuerversicherungsbank, für seine ehrenamtliche Tätigkeit als Stadtverordneter (1880-1905) und seine Verdienste um das städtischen Gemeinwesens wurde ihm 1907 das Ehrenbürgerrecht verliehen.

Würdigung: Ehrenbürger
Lit.: Schneider, G.: Gothaer Gedenkbuch, Bd. 2, 1909

Doell, Friedrich Leopold

Geboren am: 17. 07. 1791
Geboren in: Gotha
Gestorben am: 03. 11. 1856
Gestorben in: Gotha

Bildhauer
Sein Vater war der Gothaer Professor der bildenden Künste Friedrich Wilhelm Doell (s. d.), 1816 erhielt er nach dem Tod des Vaters die Aufsicht über die herzogliche Sammlung der Gipsabdrücke antiker Kunstwerke und wurde 1824 zum Professor der bildenden Künste ernannt. Unentgeltlich unterrichtete er bis 1847 als Zeichenlehrer an der Gothaer Sonntags- und Gewerbeschule, aus der 1834 die Staatliche Baugewerbeschule hervorgegangen ist, auch in den übrigen Städten des Herzogtums von Ohrdruf bis Friedrichroda war er tätig. An seine künstlerische Tätigkeit in Gotha erinnert die sogenannte Märtyrersäule, die im östlichen Schlossgarten steht. Sein bekanntestes Werk war das Denkmal für Ernst Wilhelm Arnoldi, 1843 am gleichnamigen Platz aufgestellt; 1969 bei der damaligen Umgestaltung des Platzes abgetragen, wird restauriert und neben der Hauptpost neuaufgestellt.

Lit.: TB 9 (1913), Helbing, K., Laue, A.: Bildhauer und Maler in Gotha, Urania Gotha 1999

Doell, Friedrich Wilhelm Eugen

Geboren am: 08. 10. 1750
Geboren in: Veilsdorf bei Hildburghausen
Gestorben am: 30. 03. 1816
Gestorben in: Gotha

Bildhauer
Sohn eines Porzellanmalers, Ausbildung als Bildhauer bei Ney in Fulda, 1770 auf Empfehlung des Barons Friedrich Melchior von Grimm (s.d.) an den Gothaer Hof gekommen, hier von dem kunstfreudigen Herzog Ernst II. gefördert, Ausbildung bei dem Pariser Bildhauer J.A. Houdon, nach 14 Monaten Studienreise nach Rom, wo er Zugang zu den dortigen Künstlerkreisen sowie bedeutende Aufträge erhielt, u.a. eine Kolossalbüste des berühmten Kunsthistorikers Winkelmann (1777). Anfang 1782 Rückkehr über Wien, Dresden, Berlin, wo ihn die Kunstakademie zum Ehrenmitglied ernannte, nach Gotha, hier zum Kustos über die Kunstwerke in den herzoglichen Schlössern, Landhäusern und Parks, 1786 zum Professor ernannt. Im Auftrag des Herzogs erste Zeichenschule errichtet (1786). Zahlreiche Büsten in Marmor, u.a. Kepler in Regensburg, Lessing in Wolfenbüttel, Büsten der herzoglichen Familie in Gotha, Statue der Zarin Kathari-

na II., Reliefs in Gotha und Dessau (Wörlitzer Park), „Kandelaber" 1811 bei Altenbergen (Kreis Gotha).

Lit.: Beck, A.: Ernst II. Herzog von Sachsen-Gotha-Altenburg, Gotha 1854; Stehlbach, H.: Fr. W. Doell, ein Gothaer Bildhauer, RuF 10 (1933) 17; Zeller, H. und Steinmann, U.: Zur Entstehung der Winkelmann-Büsten, Jahresgabe der Winkelmann-Gesellschaft, Stendal 1954/55; ADB 5 (1877); TB 9 (1913).

Dreyer, Otto

Geboren am: 04. 12. 1837
Geboren in: Hamburg
Gestorben am: 03. 05. 1900
Gestorben in: Meiningen

Theologe, Ehrenbürger
Besuch der Oberstufe des Gymnasiums in Gotha, 1857-1861 Theologiestudium in Halle, Heidelberg und Göttingen, 1861-1863 Lehrer in Altona und Hamburg, 1863 zum Diakon und Seelsorger am Frankenbergischen Krankenhaus in Gotha, 1875 1. Pfarrer an St. Augustin, 1882 Superintendent, 1887 D. theol. h.c. der Universität Jena; er vertrat ein dogmenfreies Christentum in Verbindung zum Geistesleben seiner Zeit in Wort und Schrift und war ein beliebter Prediger, 1891 Berufung als Superintendent nach Meiningen, zum Abschied Verleihung der Gothaer Ehrenbürgerwürde.

Würdigung: Ehrenbürger, Otto-Dreyer-Straße (seit 2000)
Lit.: Schneider, G.: Gothaer Gedenkbuch, Gotha 1906; Thür. Kirchengeschichte, 2. Bd. Jena 1941; Thür. Pfarrerbuch, Bd. 1: Herzogtum Gotha, Neustadt a. d. Aisch 1995.

Eberhard, Bruno

Geboren am: 25. 09. 1836
Geboren in: Gotha
Gestorben am: 21. 02. 1901
Gestorben in: Gotha

Baumeister und Architekt
Sohn von Gustav Eberhard (s.d.), nach Abitur (1856) ein Jahr im Büro seines Vaters, 1857 - 1860 Studium an der Bau- und Kunstakademie in Berlin, danach fünfmonatige Studienreise nach Frankreich und Italien, Rückkehr nach Berlin und Bauführer am dortigen Stadtschloss; im März 1862 nach Gotha zurück, hier 1864 Hofbaumeister am Schloss Friedenstein, 1864 - 1877 Aufbau und Direktor des neuen Feuerwehr-Corps, dafür Ritterkreuz II. Klasse des Ernestinischen Hausordens erhalten, außer Projektierung der 1865 erbauten Bürgerschule (heute Myconius-Schule) und der Villa des Gothaer Medizinalrats Dr. Ernst Meusel

(1843 - 1914), Friedrichstraße 11, keine Bauaufträge; aktiv im Vorstand des Architekten- und Ingenieurvereins und im Gothaer Kunstverein, 1880 Regierungs- und Baurat, 1890 Regierungskommissar für die Baugewerbeschule (hier 1862 - 1866 Dozent), 1900 nach schwerer Erkrankung pensioniert.

Lit.: Escherich, M.: Er trat in die Fußstapfen des berühmten Vaters; TLZ - Gothaer Tagespost vom 13.05.1995

Eberhard, Gustav

Geboren am: 05. 05. 1805
Geboren in: Coburg
Gestorben am: 23. 04. 1880
Gestorben in: Gotha

Architekt
Sohn eines Baukondukteurs, Besuch des Gymnasiums in Coburg, durch Privatstudium zum Architekten vorbereitet, 1824 Studien in Paris bei A. Leclerc, 1826 ausgedehnte Italienreise mit A. Reinié-Gretry, 1827 Rückkehr nach Coburg, seit 1828 im gothaischen Staatsdienst, Bau des Schlosses Reinhardsbrunn b. Friedrichroda (Krs. Gotha) für Herzog Ernst I. von Sachsen-Coburg u. Gotha (1827-1833), mehrere repräsentative Bauten in Gotha: Theater 1837-1839, Marstall 1847, Stammhaus der Gothaer Lebensversicherungsbank, 1855/56 katholische Bonifatius-Kirche, weitere Bauten in Coburg u. a., organisierte die 5. Versammlung deutscher Architekten 1846 in Gotha mit 120 Teilnehmern, 1842 zum Baurat ernannt, 1859 Geheimer Regierungsrat, 1865 wegen Erkrankung in Pension.

Lit.: Schneider, G.: Gothaer Gedenkbuch, Gotha 1906; Bau- und Kunst-Denkmäler Thüringens, Jena 1891; TB 10 (1914).

Eelbo, Bruno Heinrich

Geboren am: 10. 10. 1853
Geboren in: Bremerhaven
Gestorben am: 17. 11. 1917
Gestorben in: Weimar

Architekt, Theaterdichter
Sohn eines Sparkassendirektors, erlernte den Bauberuf, wurde Bauzeichner und Bauführer, 1873-1874 Schüler des Gothaer Architekten Prof. Ludwig Bohnstedt (s.d.), 1878-1882 in Gotha Architekt und Inhaber einer Kunstschreinerei, 1882 zum Leiter der neuen „Zentralstelle für Kunstgewerbe" nach Weimar berufen (1890 aufgelöst), herzoglicher Baurat, 1890-1903 in Leipzig, dort ein eigenes Architekturbüro gegründet, baute vornehmlich Stadtvillen nebst Inneneinrichtungen in zahlreichen sächsischen Städten sowie in Gotha u. a. die Lebensversicherungsbank (1895), die Versicherungsanstalt der thüringischen Staa-

ten in Weimar, wohin er sich 1903 zurückzog, um dichterisch tätig zu sein, schrieb vor allem Balladen und Theaterstücke. Mitbegründer des „Bundes Deutscher Architekten" (BDA), heute noch größter Architektenverband.

Lit.: TB 10 (1914); Kürschners Dt. Literatur-Kalender 39 (1917)

Ehwald, Rudolf

Geboren am: 07. 11. 1847
Geboren in: Gotha
Gestorben am: 13. 07. 1927
Gestorben in: Gotha

Bibliotheksdirektor, Ovid-Forscher
Sohn eines Sattlermeisters, nach Besuch des Gothaer Gymnasiums Studium der Altphilologie in Jena, Leipzig und Göttingen, Promotion 1871, danach bis 1911 Lehrer (seit 1882 Professor) am Gymnasium Ernestinum. 1899 Berufung zum Direktor der Herzoglichen Bibliothek im Schloß Friedenstein, bis 1911 nebenamtlich, dann bis 1921 hauptamtlich. Schon 1876 und 1905 unternahm er Studienreisen nach Italien, England und Frankreich und beschrieb alte Handschriften und Wiegendrucke der Gymnasialbibliothek (1893). Zum 2. Deutschen Bibliothekarstag 1901 in Gotha verfaßte er eine „Geschichte der Gothaer Bibliothek". Für den umfangreichen Handschriftenbestand ermöglichte er eine bessere und sichere Aufstellung in besonders gesicherten Ausstellungsräumen. Neben seiner vielseitigen Tätigkeit in Gothaer Vereinen, darunter des Vereins für Gothaische Geschichte sowie Vorträgen blieb er bis in die letzten Jahre der Erforschung der Werke des römischen Dichters Ovid treu und war als bester Ovid-Kenner international bekannt.

Lit.: Wer ist's?, Leipzig 1922; Pick, B.: Rudolf Ehwald; MVG 1928.

Ekhof, Hans Conrad Dietrich

Geboren am: 12. 08. 1720
Geboren in: Hamburg
Gestorben am: 16. 06. 1778
Gestorben in: Gotha

Schauspieler, „Vater der deutschen Schauspielkunst"
Sohn eines Schneiders, hatte 1740 in Lüneburg bei der Schönemannschen

Gesellschaft als Schauspieler debütiert, bei der er 17 Jahre lang blieb. 1745 begann er mit Aufzeichnungen über das Wirken dieser Gesellschaft und seiner Rollen für eine spätere Geschichte des Theaters; in Schwerin gründete er seine „Schauspiel-Akademie" für die Hebung des Bildungsniveaus der Schauspieler (1753-1754) und legte dafür eine umfangreiche Bibliothek an. Nach dem Tod Schönemanns begann ein unstetes Wanderleben. Nach dem Theaterbrand in Weimar kam Ekhof mit der Theatergruppe Abel Seylers, der sich woanders hin gewandt hatte, nach Gotha (1774). Nachdem der Plan, ein Theater für Weimar und Gotha zu gründen, gescheitert war, wurde durch ein Reglement Herzog Ernsts II. von Sachsen-Gotha-Altenburg hier ein „stehendes Theater" mit Ekhof als künstlerischen und H.A.O. Reichard (s.d.) als Verwaltungsleiter gegründet. Bis zu seinem Tod 1778 hat hier Ekhof, schon vorher als „Vater der Deutschen Schauspielkunst" bekannt geworden, mit seiner realistischen Rollengestaltung eine entscheidende Epoche deutscher Theatergeschichte gestaltet, die auch auf das europäische Theater Einfluß gewann. Sein bedeutendster und erfolgreichster Schüler war der Schauspieler und spätere Berliner Theaterdirektor August Wilhelm Iffland (s.d.).

Würdigung: Seit 1969 befindet sich sein Grabstein auf dem Hauptfriedhof, Ekhof-Theater im Schloss Friedenstein, Bildnis im Museum, Ekhofplatz, Ekhof-Schule
Lit.: Kindermann, H.: Conrad Ekhofs Schauspieler-Akademie, Wien 1956; Pietschmann, C.: Conrad Ekhof, Theaterwissenschaftliche Rekonstruktion einer Schauspielerpersönlichkeit, Berlin 1956; Nippold, E.: Das Gothaer Theater unter Conrad Ekhof, GMH 1978; ADB 5 (1877); NDB 4 (1959)

**Emminghaus,
Arwed Karl Bernhard**

Geboren am: 22. 08. 1831
Geboren in: Niederroßla bei Apolda
Gestorben am: 08. 02. 1916
Gestorben in: Gotha

Versicherungswissenschaftler, Ehrenbürger
Studium der Rechtswissenschaft und Nationalökonomie in Jena, Promotion 1855, 1858-1861 Geschäftsführer der Dresdner Feuerversicherungsgesellschaft in Bern, 1865 Gründer der „Deutschen Gesellschaft zur Rettung Schiffbrüchiger" in Bremen, 1866 Professor für Wirtschaftslehre an der TH Karlsruhe, 1873-1903 Direktor der Gothaer Lebensversicherungsbank. 1874 gründete er die „Gothaer Gesellschaft für Volksbildung", 1888 führte er die Kriegsversicherung für Wehrpflichtige ein, 1895 entstand durch seine Initiative

der „Gothaer Verein zur Wohnungshilfe". Mit den Sterblichkeitsuntersuchungen legte er den Grund für einen neuen Zweig der Versicherungswirtschaft (Versicherungsstatistik), regte die Gründung eines Verbandes deutscher Lebensversicherungsgesellschaften (1896) sowie des Deutschen Vereins für Versicherungswissenschaft (1898) an; seit 1896 Mitglied im preußischen Versicherungsbeirat, Gutachter bei der Schaffung des Aufsichtsgesetzes über die privaten Versicherungsunternehmen sowie des Versicherungsvertraggesetzes. Auf seinen Rat führte Gotha das bewährte Elberfelder System der Armenpflege ein, für seine erfolgreiche 30jährige Tätigkeit als Direktor der Lebensversicherungsbank und für seine langjährige, aufopferungsvolle gemeinnützige Arbeit wurde er 1911 zum Ehrenbürger ernannt.

Würdigung: Emminghausstraße
Lit.: Samwer, K.: Zur Erinnerung an Arwed Emminghaus, Jena 1916; NDB 4 (1959).

Encke, Johann Franz

Geboren am: 23. 09. 1791
Geboren in: Hamburg
Gestorben am: 26. 08. 1865
Gestorben in: Spandau bei Berlin

Astronom
Sohn eines Predigers, 1811 Studium der Mathematik in Göttingen, Schüler von Gauß, 1813 Kanonier und 1815 Leutnant der Artillerie in den Befreiungskriegen, 1814 weitere Studien unter Gauß, 1816 Adjunkt an der Gothaer Sternwarte auf dem Seeberg, 1817-1822 Vizedirektor (ab 1822 Direktor) der Sternwarte, 1818 Professor, berechnete 1817-1822 die Bahn des nach ihm benannten Enckeschen Kometen, entdeckte die Enckesche Teilung der Saturnringe und ermittelte die mittlere Entfernung der Erde von der Sonne. 1825 zum Direktor der Berliner Sternwarte berufen, 1825 Ernennung zum Ehrendoktor durch die Berliner Universität, 1844 ordentlicher Professor der Astronomie in Berlin, 1844 bestimmte er auf der Berliner Sternwarte die Polhöhe, 1846 Vorstand der Kalenderdeputation, Vorsitzender Sekretär der Akademie der Wissenschaften zu Berlin, Rektor und Dekan der Berliner Universität; unter seiner Leitung erlangte das „Berliner Astronomische Jahrbuch" wieder Weltgeltung. Mitglied der Preußischen Akademie der Wissenschaften zu Berlin (1823) und der Akademie der Naturforscher „Leopoldina" (1858).

Würdigung: Enckestraße
Lit.: Bruhns: Johann Franz Enke, sein Leben und Wirken, Leipzig 1869; Poggendorff VIIa Suppl. 1971; ADB 6 (1877); NDB 4 (1959)

Erdmann, Christiane

Geboren am: 1820
Geboren in: unbekannt
Gestorben am: unbekannt
Gestorben in: unbekannt

Pädagogin, erste Gothaer Kindergärtnerin
Nichte des Gothaer Bankbuchhalters Drescher, 1844-1845 Ausbildung zur Kindergärtnerin bei Friedrich Fröbel in Keilhau bei Rudolstadt, von dessen Wirken angeregt gründete sie 1845 den ersten Kindergarten in Gotha mit 60 Kindern. 1848 Teilnahme an der Pädagogenkonferenz in Rudolstadt, 1849 durch Friedrich Fröbel nach Hamburg berufen, 1851 von dort nach Berlin gegangen, ihr weiterer Lebensweg ist leider nicht bekannt. Ihre Nachfolgerin wurde die Fröbel-Schülerin Bernhardine Herold (bis 1855), danach Ida Busch.

Lit.: Reichel, R.: Christiane Erdmann und ihre Kolleginnen, GMH 1994

Ernst I., Anton Karl Ludwig

Geboren: 02. 01. 1784
Geboren in: Coburg
Gestorben: 29. 01. 1844
Gestorben in: Gotha

Herzog von Sachsen-Coburg und Gotha
Herzog Ernst I. war der Sohn des Herzogs Franz Friedrich Anton von Sachsen-Coburg-Saalfeld (1750-1806), nach dem Tod des kinderlosen Gothaer Herzogs Friedrich IV. (11. Februar 1825) hatte er bei der Neuverteilung unter den Gothaer Ernestinern im Vertrag von Hildburghausen (12. November 1826) neben dem Fürstentum Sachsen-Coburg mit zwei Hildburghäuser Ämtern das weit größere Herzogtum Sachsen-Gotha erhalten und dafür den Saalfelder Anteil an das Herzogtum Sachsen-Altenburg abgegeben und war damit Herzog von Sachsen-Coburg und Gotha geworden. Er errichtet sofort ein für beide Landesteile gemeinschaftliches Ministerium als oberste Verwaltungsbehörde, danach zentrale Fachverwaltungen mit fester Besoldung ihrer Beamten und eine Neuordnung der Unterbehörden und Ämter (1830). Bei der Neuordnung des Justizwesens erklärte er 1828 die Anwendung der „peinli-

chen Frage" (Folter) „ausdrücklich außer Anwendung". Zur Förderung des Verkehrswesens ließ er die Chausseen im Gothaer Land teils erneuern, teils neue Straßen zu den Städten im Thüringer Wald bauen, trat 1833 dem Deutschen Zollverein bei, der die Binnenzölle und -schranken aufhob, und schloß 1841 mit Preußen, Kurhessen-Kassel und Sachsen-Weimar einen Vertrag über den Bau der Eisenbahn von Halle über Erfurt-Gotha nach Kassel ab, deren Eröffnung im Mai 1847 in Gotha er nicht mehr erlebte. Durch seine Geschwister war er mit mehreren europäischen Königshäusern verwandt.

Lit.: Beck, A.: Geschichte der Regenten des gothaischen Landes, Gotha 1868; ADB 6 (1877); NDB 4 (1959)

Ernst I., der Fromme

Geboren am: 25. 12. 1601
Geboren in: Altenburg
Gestorben am: 26. 03. 1675
Gestorben in: Gotha

Herzog von Sachsen-Gotha-Altenburg
Nach frühem Tod des Vaters (1605) von der Mutter Dorothea Maria von Sachsen-Weimar sorgfältig erzogen und vielseitig ausgebildet, Studium des Staatsrechts und der Geschichte bei Professor F. Hortleder in Jena sowie verschiedener Naturwissenschaften und der körperlicher Ertüchtigung. Als Reiteroberst von Oktober 1631 bis November 1632 Teilnahme an den Kriegszügen des Schwedenkönigs Gustav Adolf, 1621 Übernahme der Landesverwaltung für seine älteren Brüder, 1633/34 des „Herzogtums Franken" für seinen Bruder Bernhard und 1638 bis 1640 nach dem Tod seines Onkels des Coburger Landes. Durch die Altenburger Erbteilung der Ernestiner vom 13. Februar 1640 erhielt Ernst das neue Herzogtum Sachsen-Gotha, erst 1643 konnte der Bau seines Residenzschlosses Friedenstein begonnen werden (1654 fertiggestellt). Den Wiederaufbau des im Krieg zerstörten Landes betrieb er energisch und für seine Zeit vorbildlich, unterstützt von tüchtigen Räten (Avemann, Frantzke, Seckendorff); seine zahlreichen Verordnungen wurden in einer „Landes-Ordnung" (1667) zusammengefaßt, die noch bis ins 18. Jahrhundert gültig war. Zur Hebung des Bildungsniveaus wurde schon 1642 die allgemeine Schulpflicht unter Andreas Reyher (s.d.) eingeführt. 1647 ließ er eine wissenschaftliche Bibliothek, später auch eine Naturalien- und Kunstsammlung (Vorläufer der heutigen Museen) einrichten. Die medizinische Versorgung der Bevölkerung unterlag der Aufsicht des Collegium medicum seiner Hofärzte (Medicinal-Ordnung 1653). Die Förderung des kirchlichen Lebens sowohl am Hof des Herzogs wie im ganzen Land sah der „fromme Herzog" als

seine persönliches Anliegen, u.a. durch die Ausgabe der „Ernestinischen Bibel" und des ersten Gothaer Gesangbuches, im Vorwort der Landesordnung hat er sich ausdrücklich zur Bewahrung und Pflege des protestantischen Glaubens seiner ernestinischen Vorväter bekannt. Seine außergewöhnliche Persönlichkeit und Wirkung ist bis in unsere Zeit immer wieder gewürdigt worden, u.a. auch durch das große Standbild (1904) vor „seinem" Schloss Friedenstein.

Würdigung: Epitaph in der Margarethenkirche (1728); Denkmal vor dem Schloss (1904)
Lit.: Beck, A.: Ernst der Fromme, Herzog zu Sachsen-Gotha, T. 1.2. Weimar 1865 ; Gelbke, J.: Herzog Ernst der Erste, genannt der Fromme zu Gotha als Mensch und Regent, 3 Bde. Gotha 1810 (mit Dokumenten); ADB (6) 1877.

Ernst II.

Geboren am: 30. 01. 1745
Geboren in: Gotha
Gestorben am: 20. 04. 1804
Gestorben in: Gotha

Herzog von Sachsen-Gotha-Altenburg

Nach dem Tod seines älteren Bruders Friedrich (1756) als Erbprinz erzogen, trat er 1772 die Regierung an. Zuvor hatte er bei dem Göttinger Staatsrechtler Püffer, den seine Mutter Luise Dorothea (s.d.) 1762 an den Gothaer Hof berufen konnte, Unterricht gehabt und 1767/68 mit seinem jüngeren Bruder August (s.d.) eine Bildungsreise nach den Niederlanden, England und Frankreich gemacht. Seinen Neigungen entsprechend wurde er ein Astronom auf dem Gothaer Thron, ließ 1788-1791 eine feste Sternwarte auf dem kleinen Seeberg bei Gotha bauen, die unter der Leitung des Ingenieur-Offiziers Franz Xaver von Zach (s.d.) bald ein astronomisches Forschungszentrum von europäischem Ruf wurde, besaß ein eigenes Instrumentarium für seine Beobachtungen. 1787 wurde er zum Mitglied der Londoner Royal Society ernannt, 1791 Ritter des englischen Hosenband-Ordens. Außerdem war Ernst II. auch ein Förderer von Künstlern wie Fr. W. Doell (s.d.), dem er Ausbildung und Studienreisen gewährte, und dem „Goethe - Tischbein", den er auf Empfehlung des Weimarer Dichters einen Studienaufenthalt in Italien ermöglichte. Die Kunstsammlungen und die öffentliche Bibliothek im Schloss hat er durch größere Erwerbungen, darunter wertvolle Handschriften und ältere Bücher, gefördert und eine eigene Privatbibliothek angelegt (nach seinem Tod in die öffentliche Bibliothek übernommen). Die Französische Revolution hatte er in den ersten Jahren begeistert begrüßt, sich aber wie viele seiner Zeitgenossen mit Beginn der Terrorherrschaft davon abgewandt. Bis zum Ende des 18. Jahrhunderts hatte er die Schulden der Kammerkasse abgebaut und eine Reihe fortschrittlicher Verordnungen auf sozialem Gebiet erlassen, außerdem die Gründung eines vorbildlichen Landesschullehrer-Seminars (1779) sowie der Salzmannschen Erziehungsanstalt in Schnepfenthal (1784) gefördert. Ihm ist auch die Gründung des ersten stehenden Theaters in Deutschland (1775) unter der Leitung des „Vaters der deutschen Schauspielkunst" Conrad Ekhof (s.d.) zu verdanken.

Lit.: Beck, A.: Ernst der Zweite als Pfleger und Beschützer der Wissenschaft und Kunst, Gotha 1854; ADB 6 (1877), NDB 4 (1959); Wiegand, H.: Herzog Ernst II. von Sachsen-Gotha-Altenburg als Politiker und Förderer, in: Die Residenzstadt Gotha in der Goethe-Zeit, Bucha 1998.

Ernst II.

Geboren am: 21. 06. 1818
Geboren in: Coburg
Gestorben am: 22. 08. 1893
Gestorben in: Reinhardsbrunn

Herzog von Sachsen-Coburg und Gotha

Nach der Scheidung seiner Eltern (1824) unter der Obhut seines Vaters Ernst I. mit dem Privatunterricht des Konsistorialrates Florschütz aufgewachsen, hatte mit seinem jüngeren Bruder Albert zahlreiche Reisen an die verschiedensten deutschen u. westeuropäischen Höfe gemacht, wobei ihm sein Onkel Leopold, seit 1831 belgischer König, beriet. Vielseitiges Studium 1836 in Brüssel, 1837 in Bonn, später nach Dresden zum Armeedienst. 1840 anlässlich der Heirat seines Bruders Albert mit der Königin Victoria von Großbritannien mehrere Monate in England, dann eine längere Reise nach Portugal, wo der Coburger Ferdinand König war. Nach dem Tod seines Vaters (1844) hatte er kein leichtes Erbe übernommen, denn die Herzogtümer Coburg u. Gotha waren nach Größe u. Struktur sehr unterschiedlich u. für eine einheitliche Verwaltung immer schwierig gewesen; in der Revolution von 1848/49 gewährte er dem Gothaer Land eine liberale Verfassung mit einem freien Versammlungsrecht. Sein erfolgreiches militärisches Engagement im deutsch-dänischen Krieg 1849 machte ihn hierzulande volkstümlich. Zu den von ihm geförderten großen Vereinsgründungen gehörte neben Turner- und Sängerbünden die Gründung Deutschen Schützenbundes am 11. Juli 1861 in Gotha mit dem 1. Deutschen Schützenfest, schließlich war er selber ein passionierter Jäger (im Volksmund „Schützenernst" genannt); 1861 schloss er eine Militärkonvention mit Preußen ab und nahm auf preußischer Seite am Krieg von 1866 gegen Österreich teil. Er war ein Liebhaber des Theaters, selber gern auftretend, und der Musik; komponierte eigene Opern, von denen „Santa Chiara" (1854 Uraufführung in Gotha unter Franz Liszt) die erfolgreichste war; der prachtvolle Bau des Museums für die Aufnahme der Kunst- u. wissenschaftlichen Sammlungen ist seiner Initiative zu verdanken, mit dem Schriftsteller Gustav Freytag (s. d.) verband ihn seit 1851 eine lebenslange Freundschaft; seinen Lebensweg hat der Herzog in den Erinnerungen „Aus meinem Leben und aus meiner Zeit" beschrieben.

Würdigung: Ernststraße, Denkmal im Museum der Natur, Herzog-Ernst-Schule
Lit.: Ernst II. von Sachsen-Coburg in Gotha: „Aus meinem Leben und aus meiner Zeit", 3 Bde., Berlin 1887-1889; Scheeben, E.: Ernst II., Herzog von Sachsen-Coburg und Gotha, Frankfurt am Main 1987; Herzog Ernst II. von Sachsen-Coburg und Gotha, 1818 - 1893 und seine Zeit, Jubiläumsschrift, Coburg und Gotha 1993

Ettinger, Carl Wilhelm

Geboren am: 07. 06. 1738
Geboren in: Eisenach
Gestorben am: 14. 06. 1804
Gestorben in: Gotha

Verlagsbuchhändler
Besuch des Gymnasiums in Eisenach, Lehrling in der Dieterich'schen Verlagsanstalt in Gotha die er 1774 mit der Filiale in Langensalza übernahm, nach vorübergehender „Handlungs-Societät" (1778-1785) mit Joh. Fr. Dürfeldt und Justus Perthes alleiniger Gesellschafter seines Verlages, kaufte damals die Weber'sche Buchhandlung in Erfurt, war der erfolgreichste und bedeutendste Thüringer Verleger mit über 400 Titeln, darunter namhafte Autoren wie Goethe (Römisches Carneval, Metamorphose der Pflanzen), Herder (Zerstreute Blätter), Voltaire (Gesamtausgabe, 71 Bde.), von Zach (Katalog der Fixsterne), Reichard (Theater-Journal, Theater-Kalender), Galletti (20 Titel), außerdem der Gothaische Hofkalender, Almanach de Gotha, Gothaische Gelehrte Zeitung, Handlungs-Zeitung und zwölf weitere Periodica, begründete im letzten Viertel des 18. Jh. den literarischen Ruf Gothas. Nach seinem Tod (1804) führte seine Witwe Karoline Ettinger zusammen mit Sohn Otto den Verlag weiter, verkaufte ihn 1819 an den Buchhändler Carl Gläser.

Lit.: Schneider, G.: Gothaer Gedenkbuch, 1909; Küttler, O. u. Preuß, J.: Drucke Gothaer Verleger 1750-1850, Gotha 1965.

Fahr, Paul

Geboren am: 20. 05. 1850
Geboren in: Bad Dürrenberg
Gestorben am: 26. 07. 1904
Gestorben in: Köln

Fabrikant
Sohn eines Apothekers, 1862 mit Eltern nach Gotha gekommen, Erlernung des Schuhmacherhandwerks beim benachbarten Schuhfabrikanten Friedrich Langnickel, nach Wanderjahren Eröffnung einer eigenen Holzabsatzfabrik in der heutigen Gutenbergstraße (10. Januar 1874), infolge wachsender industrieller Schuhfabrikation 1880 Verlegung und Erweiterung des Betriebes in die Spohrstraße, nach Großbrand 1884 Verlegung in die ehemalige Ostheimer Mühle im Heutal und Gründung einer Betriebskrankenkasse für die Betriebsangehörigen, 1891-1898 Stadtverordneter, 1897-1899 Mitglied der Handelskammer, außerdem Beisitzer im Gewerbegericht Gotha und im Vorstand des Vereins für Blindenfürsorge; am 1. April 1898 Übergabe der Absatzfabrik aus gesundheitlichen Gründen an seinen Schwager Albert Lobenstein und Gründung der ersten Fahrschen Stiftung für soziale Zwecke, zweite Fahrsche Stiftung testamentarisch durch Ehefrau Agnes Fahr 1921. Die Schuhfabrik Fahr bestand bis 1936.

Lit.: Schöler, M.: Paul Fahr, Holzabsatzfabrik, URANIA Gotha 1999

Florschütz, Georg

Geboren am: 01. 02. 1859
Geboren in: Gräfentonna
Gestorben am: 18. 04. 1940
Gestorben in: Gotha

Arzt, Frühgeschichtsforscher
Sohn eines Forstmeisters, 1879-1883 Medizinstudium in Würzburg und Berlin, nach praktischer Tätigkeit in einer Berliner chirurgischen Klinik 1888 Kreisphysikus (Amtsarzt) in Gräfentonna, 1893-1931 Arzt der Gothaer Lebensversicherungsbank, 1903 Ernennung zum Professor, Begründer der Versicherungsmedizin; in seiner Freizeit ständig mit der ur- und frühgeschichtlichen Forschung im Gothaer Land beschäftigt, 1895 Mitbegründer des Vereins für Gothaische Geschichte, als deren 2. Vorsitzender auch Mitbegründer des

Heimatmuseums (1928), dem er seine nach ihm benannte Sammlung übergab; besonders am Seeberg und am großen Gräberfeld bei Wechmar hat er Arbeiten von überregionaler Bedeutung geleistet und darüber publiziert, zahlreiche Veröffentlichungen u. a. in den Mitteilungen des Vereins für Gothaische Geschichte, darunter seine „Vorgeschichte des Gothaischen Landes" (1937), und in der Heimatbeilage „Rund um den Friedenstein".

Würdigung: Florschützstraße
Lit.: Abschied von Prof. Dr. med Georg Florschütz, RuF 17 (1940) 6.

Francke, August Hermann

Geboren am: 22. 03. 1663
Geboren in: Lübeck
Gestorben am: 08. 06. 1727
Gestorben in: Halle

Pädagoge, Theologe, Gründer des Waisenhauses zu Halle
Sohn eines Hof- und Justizrats, im 3. Lebensjahr mit seinen Eltern nach Gotha gezogen, als 13-jähriger 1676/77 Schüler des Gothaer Gymnasiums, 1679 Studium der Theologie sowie neuerer Sprachen und Hebräisch an der Universität in Erfurt, danach bis 1682 an der Universität in Kiel, Lehrtätigkeit in Leipzig, 1687 weitere Studien in Lüneburg und Hamburg, 1689 Lehrtätigkeit in Dresden, 1690 „Diaconus" an der Augustinergemeinde in Erfurt, 1691 als Pietist ausgewiesen, ein Jahr im Gothaer Elternhaus, 1692 an die neue Universität in Halle berufen (Professor für Griechisch und Hebräisch), zugleich Pfarrer in Glaucha. 1695 Gründung der „Franckeschen Stiftungen" (Armenschule, später Lateinschule, Waisenhaus, Lehrerseminar). Er erwarb sich bei der Waisenerziehung sowie beim Volksunterricht große Verdienste und hatte großen Einfluß auf die Entwicklung des Schulwesens und der damaligen Schulgesetzgebung Preußens.

Würdigung: Franckestraße, Gedenktafel am Elternhaus (Querstr. 21) mit Familienwappen
Lit.: ADB 7 (1877); NDB 5 (1961); Beyreuther, E.: August Hermann Francke und die Anfänge der ökumenischen Bewegung, Leipzig 1957; Schmidt, K.: August Hermann Franckes Beziehungen zu Gotha, RuF 4 (1927) 12.

Frankenberg, Sylvius Friedrich Ludwig Freiherr von

Geboren am: 20. 10. 1728
Geboren in: Schleusingen
Gestorben am: 24. 04. 1815
Gestorben in: Gotha

Minister von Sachsen-Gotha und Altenburg
Vater Oberamtmann in Schmalkalden (Hessen-Kassel) bei Meiningen; 1750-1765 im Hessen-Kasseler Staatsdienst, Herzog Friedrich III. von Sachsen-Gotha berief ihn 1765 zum Geheimen Rat, Ernst II. von Sachsen-Gotha-Altenburg 1792 zum Obersteuerdirektor. Als ständiges Mitglied des Geheimen Ratskabinetts dreier Herzöge leitete er die Außenpolitik der Gothaer Regierung und stand dabei in Verbindung mit Goethe und den anderen Weimarer Räten; entschiedener Gegner der Französischen Revolution. 1803 stiftete er mit seinen beiden Schwestern Luise Friederike (1732-1804) und Adolphine Eberhardine (1734-1811) den Grundstock für den Bau des ersten Gothaer Krankenhauses, das bis 1878 in der „Großen Fahnenstraße Nr. 18" bestand.

Würdigung: Frankenbergstraße

Lit.: ADB 7 (1877); Köhler, Chr.: S. F. L. von Frankenberg (1728-1815), in: Kleinstaaten u. Kultur in Thüringen 16.-20. Jh., Weimar 1994; Frankenstein, J.: Die auswärtige Politik Sachsen-Gotha-Altenburgs und der Reichskrieg gegen Frankreich (1790-97), Berlin 1935.

Frantzke, Georg

Geboren am: 15. 04. 1594
Geboren in: Loebschütz / Schl.
Gestorben am: 15. 01. 1659
Gestorben in: Gotha

Geheimer Rat und Kanzler
Nach Gymnasiumsbesuch ab 1612 Studium der Rechtswissenschaft in Frankfurt / Oder und Königsberg / Preußen, 1619 in Jena Hofmeister für preußische Adlige, 1626 Hofgerichtsadvokat, 1629 schwarzburgischer Rat in Rudolstadt. Seit 1633 weimarischer Rat, 1634 ernestinischer Vertreter beim Konvent der protestantischen Staaten in Frankfurt / Main. Seit 1641 im Dienst Herzog Ernst I. von Sachsen-Gotha als Konsistorialpräsident, Geheimer Rat und Kanzler; als kenntnisreicher Jurist Verfasser von juristischen Kommentaren sowie der meisten Verordnungen des Herzogs, außerdem Vermittler bei den ernestinischen Teilungsverträgen 1640 und 1645. Auch Kirchenlieder-Dichter (Pseudonym Christian Philometer), stiftete größere Summen für Stipendien, für soziale und kirchliche Zwecke.

Lit.: Beck, A.: Herzog Ernst der Fromme, T. 1.2, Weimar 1865; ADB 7 (1877), NDB 5 (1961)

Freund, Johann Ehrenfried

Geboren am: 18. 07. 1834
Geboren in: Erfurt
Gestorben am: 22. 08. 1903
Gestorben in: Gotha

Senator, Wohltäter der Stadt Gotha
Kam 1860 aus Erfurt in die Residenzstadt Gotha, wo er sich als Gutsbesitzer und Landwirt niederliess, von 1872 bis 1895 ehrenamtlicher Senator, hat sich um die Aufforstungen am Galberg (Hundsrücken) und Krahnberg verdient gemacht, für den Bau eines Stadtbades (1905-1908) stiftete er als Grundstock 15.000 Mark und vermachte der Stadt testamentarisch 52.000 Mark, außerdem 6.000 Mark für den Bau eines massiven Aussichtsturm an der Eisenacher Straße (Trügleber Höhe), der im Juni 1914 als „Freundwarte" eingeweiht wurde.

Würdigung: Freundstraße, Freundwarte (Aussichtsturm an der Eisenacher Straße), Gedenkstein auf dem Hauptfriedhof
Lit.: Schneider, G.: Gothaer Gedenkbuch, 1906; Goth. Tageblatt vom 23.08.1903 (Nachruf); Aufforstungen der Stadt Gotha, Gotha 1932.

Freytag, Gustav

Geboren am: 13. 07. 1816
Geboren in: Kreuzburg (Schlesien)
Gestorben am: 30. 04. 1895
Gestorben in: Wiesbaden

Dichter, Journalist, Kulturhistoriker
Sohn eines preußischen Beamten, Privatunterricht, 1829-1835 Besuch des Gymnasiums in Oels, entdeckte seine Liebe zur Literatur, 1835-1838 Studium der Germanistik in Breslau und Berlin, 1838 Promotion, 1839 Habilitation, Dozent und Dichter in Breslau; nach Ablehnung seiner Bewerbung um eine außerordentliche Professur an der Universität stellte er 1844 seine Lehrtätigkeit ein. 1845 erschien seine erste Sammlung von Gedichten und Balladen, 1846 in Leipzig am Theater tätig, 1847 in Dresden, schreibt ein neues Schauspiel „Graf Waldemar"; die politischen Veränderungen von 1848 veranlaßten ihn als Journalist tätig zu werden, 1848-1870 Mitherausgeber der liberalen Zeitschrift „Die Grenzboten", errang 1854 mit seinem Lustspiel „Die Journalisten" einen Dauererfolg. Mit dem Kaufmannsroman „Soll und Haben" (1855); seinen kulturgeschichtlichen „Bilder aus der deutschen Vergangenheit"

(1859-1867) und der kulturhistorischen Romanreihe „Die Ahnen" (1873-1881) war er als „poetischer Realist" einer der meistgelesenen deutschen Schriftsteller seiner Zeit. 1867-1870 Abgeordneter der Nationalliberalen Partei im Norddeutschen Reichstag. Er besaß eine Sammlung von 6265 Flugschriften des 16. und 17. Jh. als eine Grundlage seiner historischen Werke. Seit Sommer 1851 lebte Freytag in seinem Landhaus (früheres „Haus zur guten Schmiede") in Siebleben, verbrachte aber seit 1879 die Winterzeit regelmäßig in Wiesbaden. 1854 zum Hofrat ernannt, stand er mit Herzog Ernst II. von Sachsen-Coburg und Gotha im freundschaftlichen Verkehr, sein Briefwechsel mit ihm (1853-1893) ist später veröffentlicht worden.

Würdigung: Am Gustav-Freytag-Park (OT Siebleben), Gustav-Freytag-Straße, Gustav-Freytag- Gymnasium, Gedenktafel am Wohnhaus Weimarer Straße, Grabmal an der Kirche

Lit.: Erinnerungen aus meinem Leben, Leipzig 1887 (Neudruck 1996); Hermann, R.: Gustav Freytag. Bürgerliches Selbstverständnis, Würzburg 1974; Tempeltey, E.: Gustav Freytag und Herzog Ernst, Briefwechsel, Leipzig 1904; Kürschners Lit.-Kal. 1896/97; ADB 48 (1904); NDB 5 (1961).

Friedrich I.

Geboren am: 15. 07. 1646
Geboren in: Gotha
Gestorben am: 02. 08. 1691
Gestorben in: Friedrichswerth

Herzog von Sachsen-Gotha-Altenburg
Ältester Sohn Herzog Ernsts des Frommen, 1664 Studium an der Universität in Straßburg, 1666 an der Universität in Jena, erhielt im Oktober 1674 von seinem Vater die Regierungsgeschäfte übertragen und führte die Politik seines Vaters fort; nach der gemeinschaftlichen Hofhaltung der sieben fürstlichen Brüder kam es 1680/81 zu einer Landesteilung, bei der Friedrich die Landesteile Gotha und Altenburg behielt und nach dem kinderlosen Tod seines Bruder Albrecht auch den Coburger Anteil übernahm; 1685 führte er die Primogenitur ein. 1683 nahm Friedrich I. mit gothaischen Truppen an der Befreiung Wiens von den Türken und 1689 im Reichskrieg an der Befreiung der Stadt Mainz von den Franzosen teil. Auf seinen früheren Reisen (1660 bis 1662, 1667) von französischer Hofhaltung beeindruckt, liess er sich 1680-1689 das Lustschloss Fried-

richswerth bauen (als Wasserschloss Erffa erworben und abgerissen), die alte Augustinerkirche in Gotha (1677-1680) sowie zahlreiche alte Dorfkirchen im Gothaer Land erneuern. In den Jahren 1682/83 liess er im Westturm des Schlosses Friedenstein ein „Theatrum" mit einer Kulissenbühne mit neuester Verwandlungsmaschinerie einbauen, Eröffnung am 22. April 1683 mit dem Singspiel „Die geraubte Proserpina". Nach denkmalpflegerisch aufwendigen Restaurierungen in den 60er und 90er Jahren des 20. Jh. wird diese barocke Bühne (heute Ekhof-Theater) als Sommertheater für die Gothaer Ekhof-Festivals genutzt.

Lit.: Gotha. Das Buch einer deutschen Stadt, Band II, Gotha 1938; Beck, A.: Geschichte der Regenten des Gothaischen Landes, Gotha 1868; Friedrich I. von S.-Gotha u. Altenburg: Tagebücher 1667-1686; ADB 8 (1878); NDB 5 (1961).

Friedrich II.

Geboren am: 28. 07. 1676
Geboren in: Gotha
Gestorben am: 23. 03. 1732
Gestorben in: Altenburg

Herzog von Sachsen-Gotha-Altenburg

Nach dem Tode seines Vaters (1691) noch unmündig wurde er nach seiner Englandreise 1693 vom Kaiser für mündig und regierungsfähig erklärt. Wie sein Vater war auch er ein Anhänger der französischen Hofkultur und liebte Glanz und Pracht. Die Truppeneinheiten (10 Regimenter mit 10.000 Mann), die sein Vater hinterließ, vermietete er an andere Staaten. Seit 1719 förderte er das Kirchen- und Schulwesen, die Justiz und die Polizei durch verschiedene Verordnungen und führte ab 1. März 1700 den verbesserten Gregorianischen Kalender mit Schaltjahren ein. 1702 wurde das Zucht- und Waisenhaus an der Erfurter Straße in Gotha mit damals 22 Kindern seiner Bestimmung übergeben. Mit dem Bau des Schlosses Friedrichsthal (1708-1711), des Hospitals im Brühl (1716-1719) und des Schellenbrunnen (1723) am unteren Hauptmarkt hat er das Stadtbild bereichert. Er vermehrte die wissenschaftlichen Sammlungen im Schloss u. a. durch den Erwerb von größeren Büchernachlässen und die große Münzsammlung (1712) des Fürsten von Schwarzburg-Arnstadt sowie einer bedeutenden Mineraliensammlung. Mit Unterstützung seiner Räte hat er die Entwicklung seines Fürstentums, zu dem auch das Altenburger Land gehörte, ständig gefördert und war trotz seiner barocken Lebensfreude dem väterlichen Glauben treu geblieben, seinem Großvater Herzog Ernst dem Frommen ließ er in der Margarethenkirche über dessen Gruft ein schönes Epitaph errichten (1728/29).

Lit.: Schulze, Chr. F.: Das Leben des Herzogs Friedrich II., Gotha 1851; Facius, F.: Staat, Verwaltung u. Wirtschaft in Sachsen-Gotha unter Herzog Friedrich II. (1691-1732), Gotha 1932; ADB 8 (1878).

Friedrich III.

Geboren am: 14. 04. 1699
Geboren in: Gotha
Gestorben am: 10. 03. 1772
Gestorben in: Gotha

Herzog von Sachsen-Gotha-Altenburg
1718-1724 Bildungsreisen durch Italien, Frankreich, England und Holland, 1732 Regierungsübernahme. 1733 wurden die ersten Staßenlaternen in Gotha eingeführt, 1737 erließ er seinen Untertanen eine von den Landständen bewilligte Steuer, später wurde seine Regierung von seinen tüchtigen Räten geprägt. Eine merkwürdige Episode war der „Wasunger Krieg" mit dem Meininger Hof (1747/48), der auch literarische Darstellung fand. Von 1747 bis 1756 wurde die Orangerie an der Friedrichsstraße zwischen den beiden Schlössern nach den Plänen des Landbaumeisters G. H. Krohne (1700-1756) und ab 1769 im „Grossen Garten" südlich vom Schloss Friedenstein der Park nach dem Vorbild englischer Landschaftsparks angelegt. 1757 erhielt der Gothaer Kammerpräsident W. Th. von Rotberg eine Konzession für die Gründung der ersten Porzellanmanufaktur in Thüringen. Der Siebenjährige Krieg überschattete die Regierungszeit Friedrich III. mit Truppendurchzügen und Kontributionen. Seine hochgebildete Gemahlin Luise Dorothee (s.d.) gab seinem Hof den Glanz der französischen Aufklärung.

Lit.: Beck, A.: Geschichte der Regenten des Gothaischen Landes, Gotha 1868; ADB 8 (1878); NDB 5 (1961)

Gadolla, Josef Ritter von

Geboren am: 14. 01. 1897
Geboren in: Graz (Steiermark/Österreich)
Gestorben am: 05. 04. 1945
Gestorben: Ettersberg bei Weimar

Österreichischer Offizier, Retter der Stadt Gotha

Er entstammte einer italienischen Adelsfamilie aus der Lombardei, trat 1908 in die Kadettenschule ein und kam 1915 zu einem k.u.k. Gebirgsjägerbataillon; als Kommandeur einer Pionierkompanie im Fronteinsatz während des 1. Weltkriegs schwer verwundet und bis an sein Lebensende gehbehindert; danach Flughafenkommandant in Graz. Sein Antrag auf Pensionierung wurde 1938 abgelehnt, danach Sachbearbeiter im Wehrbezirkskommando Marktredwitz/Oberpfalz, seit 1943 in Gotha Leiter des Wehrmeldeamtes, 1945 Standortältester. Als Oberstleutnant und Kampfkommandant von Gotha versuchte er Anfang April 1945 die Stadt kampflos zu übergeben, wurde aber dabei von regimetreuen Soldaten festgehalten und der Wehrmachtskommandantur Weimar übergeben, wo er von einem Kriegsgericht zum Tode verurteilt und in der Kaserne am Ettersberg am 5. April erschossen wurde. Am Tag zuvor war die Kapitulation und Übergabe der Stadt an US-Truppen erfolgt. Am 23. März 1948 wurde Josef Ritter von Gadolla von der Republik Österreich rehabilitiert, am 30. Dezember 1997 hob das Oberlandesgericht Thüringen in Jena das Kriegsgerichtsurteil vom 4. April 1945 auf.

Würdigung: Gadollastraße, Gedenktafel im Gothaer Schlosshof (seit 1995), Verdienter Bürger der Stadt Gotha (1995)
Lit.: Gotha 1945, Gotha und Wechmar 1995; Ehrlich, E.: Josef Ritter von Gadolla, Retter von Gotha 1945, Petzenkirchen b. Ybb a. D. 1999.

Gaensler, Heinrich

Geboren am: 14. 12. 1884
Geboren in: Nürnberg
Gestorben am: 27. 01. 1962
Gestorben in: Gotha

Studienrat, Schulleiter, Stadtverordneter

Nach Schulbesuch in Nürnberg Studium (Deutsch, Englisch, Französisch) an der Maximiliansuniversität in München, seit 1910 Oberlehrer, später Studienrat, Musikunterricht und Organist an der Oberrealschule (Arnoldischule) in Gotha, seit 1911 im Musikverein (seit 1913 Vorstandsmitglied), dessen Geschichte von 1868 bis 1918 er in einer Festschrift dokumentiert hat, 1912 Mitbegründer und Vorstandsmitglied der Literarischen Gesellschaft zur „Pflege des literarischen und künstlerischen Lebens" in Gotha; seit 1919 Mitglied der liberalen Deutschen Demokratischen Partei und zeitweilig auch der Stadtverordnetenversammlung (bis 1928); seit Mai 1945 Schulleiter der Arnoldi-Oberschule bis 1951, seit Herbst 1945 Mitglied der Liberal-Demokratischen Partei, nach den ersten freien Kommunalwahlen nach 1932 am 8. September 1946 Vorsitzender der Stadtverordnetenversammlung bis 1954; 1937 bis 1939 Bearbeiter zweier umfangreicher Kataloge der Musikalien und der geistlichen Chormusik in der heutigen Forschungsbibliothek Gotha.

Lit.: Studienrat Heinrich Gaensler - nicht nur unser Lehrer, Jahresbericht Arnoldigymnasium Gotha 1995/96.

Galletti, Johann Georg August

Geboren am: 19. 08. 1750
Geboren in: Altenburg
Gestorben am: 26. 03. 1828
Gestorben in: Gotha

Historiker, Geograph
Sohn eines italienischen Opernsängers am Gothaer Hoftheater, nach Privatunterricht 1768-1772 Studium der Rechtswissenschaft, später der Geschichte und Geographie an der Universität Göttingen, danach Hauslehrer in Gräfentonna, veröffentlichte dort seine ersten Arbeiten (eine lateinische Grammatik, eine Anweisung zur Geometrie, sowie Geschichte und Beschreibung der Herrschaft Tonna). Seit 1778 in Gotha am Gymnasium Lehrer der lateinischen und deutschen Sprache, später Professor für Geschichte und Geographie, 1816 herzoglicher Hofrat und „Historiograph des gothaischen Landes", 1819 in den Ruhestand getreten. Verfasser von über 50 Werken zur deutschen und europäischen Geschichte; besonders die thüringische und die gothaische Geschichte verdankt ihm ihre wissenschaftliche Aufarbeitung mit der „Geschichte und Beschreibung des Herzogtums Gotha" (5 Bände) und der „Geschichte Thüringens" (6 Bände). Als erster deutscher Historiker verfasste er eine vollständige „Geschichte der französischen Revolution" (1808-1811), seine Weltgeschichte in 26 Teilen verschafften ihm internationale Anerkennung, außerdem schrieb er zahlreiche Lehrbücher der Geschichte und Geographie. Der Nachwelt ist er durch seine „Kathederblüten" bekanntgeworden, die angeblich von seinen Schülern gesammelt und erst vier Jahrzehnte nach einem verschollenen Manuskript veröffentlicht wurden.

Würdigung: Gallettistraße, Grabstein im Kreuzgang der Augustinerkirche
Lit.: N Nekr 1828 (I); ADB 8 (1878)

Gayer, Catharine Christiane Therese

Geboren am: 19. 04. 1819
Geboren in: Gotha
Gestorben am: 17. 02. 1896
Gestorben in: Gotha

Wohltätige Stifterin
Tochter eines Kaufmanns, lebte nach dem Tod der Eltern (1846; 1853) mit ihren beiden Schwestern (eine war

Geissler, Johann Gottfried

Geboren am: 10(14). 06. 1726
Geboren in: Langenau /
              Oberlausitz
Gestorben am: 02. 09. 1800
Gestorben in: Gotha

sehr krank und pflegebedürftig) sehr zurückgezogen und hinterließ 1895 der Stadt Gotha testamentarisch ihren gesamten Grundbesitz und 320.000 Mark. Die Geldsumme sollte nach ihrem Willen für alleinstehende, bedürftige und unverheiratete Frauen Gothas verwendet werden, 1899 wurde nach ihrem letzten Willen ihr Haus in der Schützenallee Nr. 10 zum Altersheim für 20 alleinstehende Frauen umgebaut und die „Therese-Gayer-Stiftung" begründet (Vermögensstand der Stiftung 1905: 373 192 Mark). 1962 wurde das Haus als Pflegeheim für 58 Personen umgebaut, 1992 erfolgte die Angliederung des Feierabendheims „Therese Gayer" in die „Städtische Heime Gotha GmbH".

Würdigung: Gayerstraße, Pflegeheim „Therese Gayer" (Schützenallee)
Lit.: Schneider, G.: Gothaer Gedenkbuch, Gotha 1906; Raschke, Helga: Gotha - Die Stadt und ihre Bürger, Horb am Neckar 1992, S.155; Historische Frauenpersönlichkeiten der Stadt Gotha (1), Gotha 1997.

Pädagoge, Schulreformer, Bibliothekar
Sohn eines Pfarrers, 1744 Studium in Leipzig, 1748 Magister, danach Hauslehrer in Leipzig, 1751 Konrektor in Leipzig, 1768-1779 als Direktor des Gothaer Gymnasiums erwarb er sich große Verdienste bei dessen Neuorganisation, unter seiner Leitung wurden Fachlehrer angestellt, die Prügelstrafe und die Manteltracht abgeschafft, eine Schul- u. Armenbibliothek eingeführt, sein Reformeifer machte 1772 das Gothaer Gymnasium von einer Lateinschule zu einer Stätte des neuen Humanismus und der Aufklärung, 1772 herzogliche Ernennung zum Kirchenrat. 1779-1786 Rektor der Landesschule Schulpforta. Nach dem Tod des Bibliotheksdirektors J. Schläger berief ihn Herzog Ernst II., zu dem er in freundschaftlicher Beziehung stand, zum Direktor der Bibliothek im Schloss Friedenstein. Geissler reformierte den Bibliotheksbetrieb durch seinen freundlichen, kollegialen Charakter und erwarb mit finan-

zieller Förderung des Herzogs teils durch Auktionen, teils im freien Handel oder aus Privathand wertvolle Handschriften und alte Drucke für die wissenschaftliche Forschung.

Lit.: Schmidt, K.: Ein Gothaer Schulreformer des 18. Jh. RuF 3 (1926); Gotha und sein Gymnasium, Gotha/Stuttgart 1924; ADB 8 (1878); Bader, K.: Lexikon deutscher Bibliothekare, Leipzig 1925; NDB 6 (1964).

Geithner, Otto

Geboren am: 23. 05. 1876
Geboren in: Merseburg
Gestorben am: 31. 07. 1948
Gestorben in: Gotha

Journalist, Politiker
1882-1890 Besuch der Bürgerschule, 1890-1893 Tischlerlehre, 1894 Mitglied der SPD, 1899-1910 Vorsitzender der Arbeiterbildungsschule in Berlin, 1908-1910 Redakteur des Pressebüros der SPD in Berlin, 1910-1915 Chefredakteur des „Gothaer Volksblattes", 1912-1918 Abgeordneter des gothaischen Landtags, 1915-1918 Soldat, 1917 Beitritt zur USPD, im November 1918 Vorsitzender des Arbeiter- und Soldatenrats und Redakteur in Gotha, während des Kapp-Putsches im März 1920 Mitglied der „Gefechtsleitung zur Befreiung Gothas" von den Reichswehreinheiten. 1920 Beitritt zur KPD, 1920-1923 Mitglied des Zentralausschusses der KPD, 1920-1926 Abgeordneter des thüringer Landtags, 1926 Ausschluss aus der KPD. 1933 Beteiligung am antifaschistischen Widerstand, 1935 wegen politischer Betätigung gegen den Nationalsozialismus zu dreieinhalb Jahren Zuchthaus verurteilt, anschließend bis 1945 Häftling im Konzentrationslager Buchenwald. 1945 Redakteur der „Thüringischen Volkszeitung" in Gotha, 1946 Alterspräsident der Gothaer Stadtverordnetenversammlung, 1946-1948 Direktor der Gothaer Landesbibliothek.

Würdigung: Otto-Geithner-Straße
Lit.: Geschichte der deutschen Arbeiterbewegung - Biographisches Lexikon, Berlin 1970

Georges, Karl Ernst

Geboren am: 26. 12. 1806
Geboren in: Gotha
Gestorben am: 25. 08. 1895
Gestorben in: Gotha

Lexikograph und Pädagoge
Sohn eines Hofglasermeisters, Besuch der Gymnasien in Gotha und Nordhausen, 1826-1828 in Göttingen Studium der Sprach- u. Literaturwissenschaft (Altphilologie), in Leipzig Mitarbeiter der Hahnschen Verlagsbuchhandlung. Tätigkeit als Lexikograph: 1833 erscheint ein erstes Deutsch-Lateinisches Wörterbuch, 1835 promoviert er an der Universität in Jena zum Doktor phil., 1839-1856 Lateinlehrer am neuen Realgymnasium in Gotha (1846 Oberlehrer). Seitdem erarbeitete er weitere lateinisch-deutsche Wörterbücher und widmete sich nach seiner Pensionierung ausschließlich der Lexikographie. 1863 zum Professor ernannt, 1878 mit dem Verdienstkreuz für Kunst und Wissenschaft des Ernestinischen Hausordens ausgezeichnet. 1890 gab er sein „Lexikon der lateinischen Wortformen" heraus, das bei der Gelehrtenwelt große Anerkennung fand, verfaßte außerdem noch zahlreiche Schulwörterbücher, Artikel für philosophische Zeitschriften und Jahrbücher, er gilt als einer der bedeutendsten Lexikographen seiner Zeit.

Lit.: Schneider, G.: Gothaer Gedenkbuch, Gotha 1906; ADB 49 (1904); NDB 6 (1964).

Gotter, Friedrich Wilhelm

Geboren am: 03. 09. 1746
Geboren in: Gotha
Gestorben am: 18. 03. 1797
Gestorben in: Gotha

Dichter, Staatsbeamter
Sohn eines Kaufmannes, erhielt eine fundierte wissenschaftliche und ausgezeichnete fremdsprachliche Ausbildung durch Privatlehrer (ohne Gymnasiumsbesuch), 1763 Studium der Rechtswissenschaft in Göttingen, Neigung zur Poesie, erste Bekanntschaft mit Ekhof, 1766 zweiter Geheimer Archivar in Gotha. Als Legationssekretär 1767 mit dem Freiherrn von Flemmingen nach Wetzlar, dort 1769 Bekanntschaft mit Goethe, Bildungsreise nach Lyon und durch die Schweiz, seit 1770 Mitherausgeber des „Göttinger Musenalmanach", reiste 1774 aus gesundheitlichen Gründen für einige Monate wieder nach Lyon und besuchte dort jede Theatervorstellung. In Gotha enge Freundschaft mit Ekhof, Benda und Iffland, schrieb erfolgreiche Libretteti für Sing-, Lust- und Trauerspiele und außerdem Übersetzungen von französischen Tragödien, seine „Elektra" hatte 1772 in Weimar bei ihrer Premiere großen Erfolg. Um das Aufblühen

der neueren deutschen Literatur hat sich Gotter verdient gemacht, sein Engagement um das deutsche Singspiel fand große Anerkennung. 1786-1787 erschien bei Carl Wilhelm Ettinger in Gotha die erste Ausgabe seiner gesammelten Gedichte (2 Bände).

Lit.: Schlösser, R.: Friedrich Wilhelm Gotter, Leben u. Werke, Hamburg 1895; Nekr D 1797, Gotha 1801; ADB (9) 1879; NDB 5 (1961).

Gotter, Gustav Adolf Graf von

Geboren am: 26. 03. 1692
Geboren in: Altenburg
Gestorben am: 28. 05. 1762
Gestorben in: Berlin

Diplomat
Sohn eines Gothaer Kammerdirektors, Privatunterricht bis zum 15. Lebensjahr, 1709 Studium der Rechtswissenschaften in Jena und Halle, Bildungsreisen nach Holland, England und Frankreich, 1715 als erster gothaischer Gesandter nach Wien, Freund des Prinzen Eugen, seit 1720 Rat und außerordentlicher Gesandter am kaiserlichen Hof in Wien. Er liebte Glanz und Pracht, führte ein aufwendiges und sinnenfreudiges Leben, 1723 Hofrat, 1724 durch Kaiser Karl VI. in den Reichsfreiherrnstand erhoben, 1725 Legationsrat, 1727 Auszeichnung mit dem „Alexander-Newski-Orden" durch Zar Peter II. von Rußland, 1728 mit Erlaubnis des Gothaer Herzogs bis 1732 Geheimer Staatsrat König Friedrich Wilhelms I. von Preußen; danach Entlassung durch Herzog Friedrich III. und preußischer bevollmächtigter Minister am Wiener Hof, 1734 Kauf des Rittergutes Molsdorf vom Prinzen Wilhelm von Sachsen-Gotha, veranlasste hier den Bau des Dörfchen „Neugottern" (heute Neudietendorf) und 1736 des Rokokoschlosses Molsdorf mit Park im französischen Stil, wo er mit dem Gothaer Hof bis 1740 prächtige Feste feierte. 1740 Oberhofmarschall und geheimer Staats- u. Kriegsrat unter König Friedrich II. von Preußen, erhielt von Kaiser Karl VI. die Reichsgrafenwürde, 1743 Generaldirektor der Berliner Oper, vermittelte damals die Bekanntschaft Friedrichs des Großen mit der Gothaer Herzogin Luise Dorothee; 1744 Kurator der Akademie der Wissenschaften zu Berlin, schied 1745 aus gesundheitlichen Gründen aus dem Staatsdienst. Aus Geldmangel verkaufte er 1748 sein Gut in Molsdorf, reiste 1752 zur Genesung nach Montpellier, trat 1753 als Minister und Generalpostmeister wieder in preußische Dienste, besuchte 1757 Molsdorf zum letzten Mal.

Lit.: ADB 9 (1879); NDB 6 (1964); Krüger, Kurt: Gustav Adolph Graf von Gotter, Erfurt 1993; Beck, A.: Graf Gustav Adolf von Gotter, Gotha 1867; Krüger, H.O.: Gustav Adolf Reichsgraf von Gotter, Archiv f. dt. Postgeschichte, Frankfurt/M. 1979

Grimm, Friedrich Melchior von

Geboren am: 25. 09. 1723
Geboren in: Regensburg
Gestorben am: 19. 12. 1807
Gestorben in: Gotha

Schriftsteller, Diplomat
Sohn eines Pfarrers, Besuch des Gymnasiums in Regensburg, Studium der Rechtswissenschaften, Philosophie und Literatur in Leipzig. 1745 Sekretär beim kursächsischen Reichstagsgesandten Graf von Schönberg. 1749 Reisebegleiter eines der Söhne des Grafen von Schönberg nach Paris, danach Sekretär im Kabinett des Herzogs von Orleans, Bekanntschaft und Freundschaften mit den führenden Vertretern der französischen Aufklärung; im Mai 1753 beginnt er seine berühmte „Correspondance littéraire, philosophique et critique", mit der er geistreich, unterhaltend, aber auch kritisch über das Gesellschafts- und Kulturleben in Paris berichtet hat, bis er 1792 als Baron (seit 1772) vor der Schrekkensherrschaft der französischen Revolution flüchten muss; in den 60er und 70er Jahren lieferte er seine Korrespondenz handgeschrieben an über 30 Abonnenten, darunter ein Dutzend europäischer Fürsten und reiste deshalb an verschiedene Residenzstädte, u.a. 1772 an den Hof der Zarin Katharina II., deren vertraulicher Berater er war, seit 1776 wiederholt an den Gothaer Hof, die Gothaer Bibliothek besitzt das vollständigste Exemplar seiner Korrespondenz; nach einem vorübergehenden Aufenthalt in Hamburg ließ sich Grimm in Gotha-Siebleben nieder, wo es nach 1800 still um ihn wurde und er halb erblindet starb.

Lit.: Schnelle, K.: Paris zündet die Lichter an, Leipzig 1981; ADB 9 (1879); NDB 7 (1966)

Grumbach, Wilhelm von

Geboren am: 01. 06. 1503
Geboren in: Rimpar bei Würzburg
Gestorben am: 18. 04. 1567
Gestorben in: Gotha

Fränkischer Reichsritter und Rat
Lag im Streit mit dem Bischof von Würzburg wegen seines väterlichen Waldbesitzes (Gramschatz), durch den Bischofsmord seiner Söldner (1558) in die Reichsacht gekommen, stellte er sich unter den Schutz Herzog Johann Friedrichs II. von Sachsen und versprach ihm für den Er-

folg seiner Klage die Wiedererlangung der sächsischen Kurwürde. Der Herzog, der ihn erst auf der Feste Coburg, dann auf dem Grimmenstein in Gotha als Rat aufgenommen hatte, weigerte sich, Grumbach auszuliefern und verfiel nun selber der Reichsacht und der Reichsexekution (Belagerung Gothas 1566/67 und Kapitulation von Festung und Stadt am 13.April 1567), an deren Ende Grumbach am 18. April 1567 mit dem sächsischen Kanzler G. Brück auf dem Marktplatz zu Gotha durch Vierteilung hingerichtet wurde (s. a. Johann Friedrich II. der Mittlere).

Würdigung: Gedenkplatte auf dem Hauptmarkt südlich des Rathauses mit dem Datum der Hinrichtung.
Lit.: Barthel, A.: Herzog Johann Friedrich der Mittlere und Ritter Wilhelm von Grumbach, Jahrb. Coburger Landesstiftung 3 (1958); NDB 7 (1966); ADB 10 (1879),

Gründler, Oskar

Geboren am: 27. 09. 1876
Geboren in: Gebessee/Sömmerda
Gestorben am: 30. 07. 1947
Gestorben in: Gotha

Pädagoge, Dichter
Sohn eines Landwirtes, 1890 Besuch der „Staatlichen Präparandenanstalt" in Wandersleben, 1893-1896 Studium am preußischen Lehrerseminar in Erfurt, 1896 erste Lehrerprüfung, Lehrer an der Volksschule in Grüningen bei Weißensee, 1898 Volksschullehrerprüfung, seit 1901 Lehrer für Deutsch und Geschichte an der Löfflerschule in Gotha, 1914-1918 Teilnahme am 1. Weltkrieg, 1918 Mitglied der Deutschen Demokratischen Partei, 1923-1932 Stadtverordneter im Gothaer Stadtrat; 1945 erster Schulrat in Gotha, erwarb sich beim Wiederaufbau des Gothaer Schulsystems und der LDPD große Verdienste; außerdem Mundart- und Heimatforscher, veröffentlichte zahlreiche Aufsätze u. a. zum Thüringer Waidbau (1907), schrieb auch Gedichte und journalistische Beiträge.

Würdigung: Oskar-Gründler-Straße, Familiengrab auf dem Gothaer Friedhof

Lit.: Wenzel, M.: Zwischen Fahner Höh' u. Rennsteig, Gotha 26.07.1997

Haack, Hermann

Geboren am: 29. 10. 1872
Geboren in: Friedrichswerth
Gestorben am: 22. 02. 1966
Gestorben in: Gotha

Kartograph
Sohn eines Postmeisters, Volksschule in Friedrichswerth, 1893 Abitur mit „sehr gut" am Gymnasium Ernestinum, zeichnete bereits als Schüler mit voller Begeisterung Landkarten, Bernhard Perthes (Chef der Geographischen Anstalt in Gotha) förderte sein Geographiestudium an den Universitäten Halle, Göttingen und Berlin, 1896 Promotion in Halle mit der Dissertation „Die mittlere Höhe von Südamerika". 1897 begann in der Gothaer Geographischen Anstalt seine eigentliche kartographische Ausbildung, nach ersten Beiträgen im „Geographischen Anzeiger" wandte er sich 1902 der Neubearbeitung von „Stielers Hand-Atlas" zu und gab 1925 die „Hundertjahr-Ausgabe" heraus. Sein eigentliches Arbeitsfeld waren die großen Schulwandkarten (Gr. Geographischer Wandatlas 1907-1940, Gr. Historischer Wandatlas 1903-1940). Nach 1945 begann der Pensionär Haack die Neukonzipierung der Verlagsarbeit als Herausgeber von „Petermanns Geographische Mitteilungen" und übersetzte geographische Literatur aus dem Russischen; 1954 trat er in den Ruhestand. Zu den zahlreichen Ehrungen für seine wissenschaftlichen Verdienste gehören u. a. seine Ernennung zum Professor (1920), die Goethe-Medaille für Kunst und Wissenschaft (1942), der Nationalpreis Erster Klasse für Wissenschaft und Technik (1953), der Vaterländischer Verdienstorden in Silber (1957) und die Ehrenbürgerschaft der Stadt Gotha (1953).

Würdigung: Hermann-Haack-Straße, Gedenktafel am ehem. Wohnhaus in der Emminghausstr. 18
Lit.: Horn, W.: Das Lebenswerk von H. Haack, PM 110 (1966); Gothaer Geographen und Kartographen, Gotha 1985; Kürschner GK 1931.

Hansen, Peter Andreas

Geboren am: 08. 12. 1795
Geboren in: Tondern (Schleswig)
Gestorben am: 28. 12. 1874
Gestorben in: Seebergen bei Gotha

Astronom und Geodät
Sohn eines Goldschmiedes mit besonderer mathematisch-physikalischer Begabung, auf väterlichen Wunsch Uhrmacherlehre in Flensburg, 1818 Gesellenwanderjahr, 1819-1821 Uhrmacher in Tondern mit großen Fertigkeiten auf mecha-

nischem Gebiet, Weiterbildung an der Sternwarte in Kopenhagen, 1821 Mitarbeiter für Gradmessung der Sternwarte Altona und Ernennung zum Observator; 1825 Berufung zum Direktor der Sternwarte auf dem Seeberg bei Gotha und Ernennung zum Professor, begann mit Kometenbeobachtungen, später folgten drei Jahrzehnte genaue Bestimmungen der Mondbewegung als sein Hauptproblem; anstelle der alten Seeberg-Sternwarte übernahm er 1859 den Betrieb in der „Neuen Sternwarte" (Jägerstraße) in der Residenzstadt. 1842 erfolgte die Vollendung der von Zach begonnenen Landesvermessung; 1847 Hofrat, 1860 Geheimer Regierungsrat, 1864-1868 Vorsitzender der Permanenten Kommission der europäischen Gradmessung, Präsident der nationalen Kommission zur Vorbereitung der Beobachtungen des Venusdurchgangs; zu seinen bedeutendsten astronomischen Forschungsergebnissen zählen u. a. seine Störungstheorie der Planeten (1830-1838), die Erarbeitung von Mondtafeln (1857), die von außergewöhnlicher Bedeutung für die Seefahrt waren; für seine Leistungen erhielt er 1830 den Preis der Preußischen Akademie der Wissenschaften, deren Mitglied er 1832 wurde, 1858 Mitglied der Akademie der Naturwissenschaften „Leopoldina", außerdem andere in- und ausländische Ehrungen. u.a. 1867 Ritter des preußischen Ordens „Pour le mérite".

Würdigung: Hansenstraße, Hansen-Schule

Lit.: Poggendorff III (1898); ADB 10 (1874); NDB 7 (1966); Strumpf, M.: Gothas astronomische Epoche, Horb 1998.

Hansen, Wilhelm Emil Leopold

Geboren am: 28. 08. 1832
Geboren in: Gotha
Gestorben am: 14. 10. 1906
Gestorben in: Gotha

Maschinenbauingenieur, Fabrikant
Sohn des Astronomen Peter Andreas Hansen (s. d.), Studium der Mathematik und Physik an der Universität in Göttingen und des Maschinenbaus in Berlin, nach dem Studium praktische Tätigkeit in England, Italien und Österreich, 1861 in Go-

tha Gründung einer Maschinenfabrik und 1863 einer Eisengießerei zum Bau von Zahnrädern, Turbinen, Dampfmaschinen und Kränen, mit dem Eintritt des Ingenieurs August Briegleb (s.d.) als Teilhaber (1868) firmierte der Betrieb „Briegleb, Hansen & Co." und erwarb als Turbinenbauhersteller europaweit internationalen Ruf. Mit Briegleb zusammen gründete er mehrere Sozialeinrichtungen (Arbeiterwohnungsbau, Krankenunterstützung, Pensionskasse). Auf dem Gebiet der Hydraulik schuf Hansen ein neues Verfahren zur Berechnung des Auftreffens von Wasser bzw. Dampf auf Turbinenschaufeln; seine bedeutendste Erfindung war jedoch der bewegliche Ofen zum Trocknen der Gußformen in den Gießereien, Hansensche Öfen finden noch heute Verwendung.

Lit.: Schneider, G.: Gothaer Gedenkbuch, Bd. 2, Leipzig-Gohlis 1909; NDB 7 (1966); Ellenberg, U.: Briegleb, Hansen & Co., Urania Gotha 1999.

Harjes, Philipp

Geboren am: 15. 09. 1860
Geboren in: Bremen
Gestorben am: 20. 09. 1933
Gestorben in: Gotha

Industrieller
Sohn eines Fabrikbesitzers, besuchte die Handelsschule und absolvierte seine Lehrzeit in Bremen, gründete 1887 in Gotha mit Hermann Kallmeyer eines der bedeutendsten Gothaer Unternehmen der Metallwarenindustrie: Kallmeyer & Harjes; mit Einführung des Nickels für die Herstellung von Tisch- und Tafelgeschirr, die teils industriell, teils in Handarbeit erfolgte, erlangte die Firma mit ihrem Export über lange Zeit Weltgeltung, dabei entsprach sie auch dem jeweiligen Zeitgeschmack (Jugendstil, später Bauhausstil). Nach dem Tod Kallmeyers ging 1897 die Gesamtleitung der Metallwarenfabrik an ihn über, die Angestelltenzahl verdoppelte sich von 1890 bis 1896 auf 300. Als Förderer der Gothaer Wirtschaft 1905 zum Kommerzienrat ernannt, galt er als „Pionier auf sozialem Gebiete", schuf 1900 eine Unterstützungskasse, eine Pensionskasse und sorgte in Boilstädt, Emleben, Sundhausen und Uelleben für den Arbeiter-Wohnungsbau. Nach wirtschaftlichen Schwierigkeiten in den 30er Jahren ging der Betrieb in Liquidation (1938/39).

Würdigung: Harjesstraße im Gewerbegebiet Gotha-Süd
Lit.: Leisner, A., Siegmund, M.: Kallmeyer & Harjes Metallwarenfabrik Gotha, 2. Aufl. Urania Gotha 2000

Helfricht, Friedrich Ferdinand

Geboren am: 08. 09. 1809
Geboren in: Zella
Gestorben am: 16. 05. 1892
Gestorben in: Gotha

Medailleur, Stempelschneider
Sohn eines Büchsenmachers, Mitarbeit in der Werkstatt seines Vaters, erlernte heimlich die Gravierkunst, seit 1827 Angestellter an der herzoglichen Münze Gotha, 1828 zur künstlerischen Vervollkommnung bei dem königlichen Münzmedailleur G. Goetze in Berlin, nach seiner Rückkehr Hofgraveur an der Gothaer Münze (bis 1838), danach weitere Medaillenprägungen im Auftrag der Gothaer Herzöge im ehemaligen Münzgebäude bis 1892, zu den verschiedensten Anlässen, die wegen ihrer hervorragenden künstlerischen Gestaltung hohe Anerkennung fanden (insgesamt 20 Münzen und 170 Medaillen), u. a. 1884 Auszeichnung mit der herzoglichen Medaille für Kunst und Wissenschaft, 1892 Professor. Er war der erste deutsche Stempelschneider, der mit einer Reduktionsmaschine arbeitete (d. h. er machte zunächst ein großes Modell, dass er dann verkleinerte).

Lit.: Pick, B.: Die Arbeiten des Gothaer Stempelschneiders Ferdinand Helfricht, MVG Gotha 1916; Steguweit, W.: Zur Tätigkeit des Gothaer Medailleurs und Stempelschneiders F. Helfricht, Ausstellungskatalog Heilbad Heiligenstadt 1937; ADB 50 (1905); NDB 8 (1969).

Henneberg, Friedrich Egydius

Geboren am: 18. 06. 1756
Geboren in: Gotha
Gestorben: 1834
Gestorben in: Gotha

Porzellanfabrikant
Sohn eines Hofkutschers, als junger Mann in den Dienst Herzog Ernst II. von Sachsen-Gotha-Altenburg, zum Hofstaat des Erbprinzen August, als dessen Kammerdiener auch dessen Reisebegleiter, 1782 als „Kontrolleur" der von Freiherr von Rotberg (s.d.) gegründeten Gothaer Porzellanmanufaktur eingesetzt, erhält 1804 einen Erbpachtvertrag für die Manufaktur mit außergewöhnlichen Vergünstigungen, kauft dann die Anteile seiner Teilhaber auf und firmiert jetzt als „F.E. Henneberg & Co", infolge der napoleonischen Kriege 1806 bis 1814 und hoher

Zölle kam er in wirtschaftliche Schwierigkeiten, so dass ihm sein Gönner Herzog August finanzielle Erleichterungen gewährte, nach Hennebergs Tod führte sein Sohn Johann Christian die Porzellanmanufaktur weiter, deren Wachstum durch den Deutschen Zollverein 1834 (Wegfall der Binnenzölle) begünstigt wurde, so dass sich der Export erhöhte. Bis 1883 blieb die Hennebergísche Porzellanfabrik im Besitz dieser Familie, deren Erben den Betrieb an die Firma Gebr. Simson in Suhl verkauften.

Lit.: Schneider, G.: Gothaer Gedenkbuch, Gotha 1906; Siegmund, M., Leisner, A.: Gothaer Porzellan, URANIA Gotha, 2000

Henning, Gustav von

Geboren am: 03. 09. 1798
Geboren in: unbekannt
Gestorben am: 25. 01. 1880
Gestorben in: Gotha

Regierungspräsident, Ehrenbürger
Als Regierungsrat zusammen mit Franz Adolf von Trützschler (s.d.) wurde ihm am 06. Januar 1834 „in dankbarer Anerkennung" für die Verhandlungen und die Einführung der neuen Verwaltung der Residenzstadt Gotha am 26. Januar 1832, welche die mittelalterliche Ratsverfassung abgelöst hat, „das hiesige Bürgerrecht" als Ehrenbürger erteilt. Später war von Henning Geheimer Regierungs- und Justizrat beim herzoglichen Justizkollegium in Gotha und erhielt für seine Verdienste 1855 das Ritterkreuz 1. Klasse des Ernestinischen Hausordens von Herzog Ernst II. von Sachsen-Coburg und Gotha verliehen.

Würdigung: Ehrenbürger
Lit.: Wenzel, M.: Gothas Ehrenbürger, Gotha 1893.

Hey, Wilhelm

Geboren am: 26. 03. 1789
Geboren in: Leina (Krs. Gotha)
Gestorben am: 19. 05. 1854
Gestorben in: Ichtershausen

Pfarrer, Lieder- und Fabeldichter
Sohn eines Pfarrers, 1808-1811 Theologiestudium in Jena und Göttingen, danach Erzieher und Hauslehrer in Holland, 1815 Lehrer am Gothaer Gymnasium, 1818-1827 Pfarrstelle in Töttelstädt (Kreis Gotha), 1827 Hofprediger in Gotha, 1832 Superintendent und Oberschulinspektor in Ichtershausen, Mitbegründer einer Turnschule in Gotha, Stifter einer Bibliothek, Gründer eines Lehrervereins und einer Sonntagsschule, hielt Fortbildungskurse für Mathematik, Deutsch und Vorträge auf theologischem und philosophischem Gebiet; die Universität

Heidelberg verlieh ihm 1847 die Würde eines Ehrendoktors der Theologie, 1852 Abgeordneter des Gothaer Landtages; schrieb zahlreiche Erzählungen, Gedichte (1816), Fabeln für Kinder, in viele Sprachen Europas übersetzt, sowie Liedertexte z. B. „Weißt du, wieviel Sternlein stehen" und „Alle Jahre wieder".

Würdigung: Wilhelm-Hey-Straße in Leina
Lit.: Schneider, Gottlob: Gothaer Gedenkbuch, Gotha 1906; Dahinten, Günther: Wilhelm Hey - Dichter, Volksfreund, Seelsorger in: Kultur und Geschichte Thür. Mainz 4 (1983); NDB (9) 1972.

Höch, Hannah (Johanne)

Geboren am: 01. 11. 1889
Geboren in: Gotha
Gestorben am: 31. 05. 1978
Gestorben in: Berlin-Reinickendorf

Malerin und Graphikerin
Tochter eines Versicherungsinspektors, Besuch der Höheren Töchterschule bis 1904, fertigte Klebebilder, Puppen und eigene Kleider, 1912 nach einjähriger Arbeit im väterlichen Büro Weggang nach Berlin, Studium an der Kunstgewerbeschule Berlin-Charlottenburg (Glasgestaltung bei H. Bengen), 1914 Rückkehr nach Gotha, Rotes Kreuz-Helferin, 1915 Fortsetzung des Studiums bei E. Orlik (Grafik), Freundschaft mit R. Hausmann u.a., später auch mit K. Schwitters, 1919 Mitbegründerin des Dadaismus (einzige Frau: „Mama Dada"), bis 1925 ihre besten Jahre und Werke (meist Collagen), seit 1920 Auslandsreisen (Italien, England, Niederlande, Paris), 1926 - 1929 „holländische Künstlerin" in Holland, 1934 Operation, wohnt in Berlin-Heiligensee; 1940 „Traumreise" nach Italien, dann vom Nationalsozialismus als „Kulturbolschewistin" verfemt, lebt einsam in Berlin-Heiligensee, 1945 durch Vermittlung des Malers H. Trökes wieder Ausstellungen in Berlin (u.a. Galerie Rosen), 1965 Mitglied der Akademie der Künste (West-Berlin), 1977 Ehrenprofessur der Stadt Berlin.

Würdigung: Hannah-Höch-Weg, Hannah-Höch-Buchhandlung
Lit.: Hannah Höch, Eine Lebenscollage, 2 Bde., Berlin 1989 - 1995; Lexikon der Kunst 3, Leipzig 1991

Hoff, Karl Ernst Adolf von

Geboren am: 01. 11. 1771
Geboren in: Gotha
Gestorben am: 24. 05. 1837
Gestorben in: Gotha

Staatsbeamter, Geologe, Mineraloge
Vater Legationsrat, 1785 - 1788 Besuch des Gothaer Gymnasiums, danach Studium der Rechts- und Staatswissenschaften bis 1790 in Jena, 1790/91 in Göttingen, hier durch J.F. Blumenbach (s.d.) Neigung zur Naturgeschichte gefördert, Fußreise in den Harz, danach in den gothaischen Staatsdienst, 1813 Geheimer Assistenzrat, 1829 - 1837 Geheimer Rat und Oberkonsistorialpräsident, seit 1832 auch Direktor der Wissenschaftlichen und Kunstsammlungen im Schloss Friedenstein; 1798 Mitglied der Mineralogischen Societät in Jena, 1801 „Magazin für die gesamte Mineralogie und Geologie" und bis 1816 „Gothaischer Hofkalender" herausgegeben, 1807 zusammen mit C.W. Jacobs „Der Thüringer Wald besonders für Reisende geschildert" erschienen (erster Thüringer Wald-Reiseführer), durch seine zahlreichen naturgeschichtlichen Arbeiten Begründer des Aktualismus in der Geologie geworden, Hauptwerk „Geschichte der durch Überlieferung nachgewiesenen natürlichen Veränderungen der Erdoberfläche" (5 Bände, Gotha 1822 - 1841), 1818 seine umfangreichen mineralogischen Sammlungen dem Naturhistorischen Kabinett in Gotha geschenkt, Mitglied der Akademie der Naturforscher „Leopoldina" und der Göttinger Societät der Wissenschaften.

Würdigung: Von-Hoff-Straße
Lit.: Karl Ernst Adolf von Hoff 1771-1837, Abh. Ber. Mus. Natur, Gotha 14 (1987), Poggendorff VIIa Suppl. (1971); ADB 12 (1880); NDB 9 (1972).

Hünersdorf, Carl Heinrich

Geboren am: 21. 09. 1817
Geboren in: Zierenberg bei Kassel
Gestorben am: 21. 02. 1897
Gestorben in: Gotha

Oberbürgermeister
Sohn eines Verwaltungsjuristen, Jurastudium in Marburg und Heidelberg, 1844-1850 Richter in Hanau,

zuletzt Obergerichtsrat, im kurhessischen Verfassungskonflikt entlassen, danach bei einem befreundeten Rechtsanwalt tätig; 1854 in Gotha zum 1. Bürgermeister gewählt, seit 1882 Oberbürgermeister bis 31. März 1890, erfolgreiche Kommunalpolitik für die Residenzstadt, u.a. Verbesserung der Wasserversorgung (seit 1871), Gas-Laternen (seit 1855), Städt. Krankenhaus (1878), erste Feuerbestattungsanlage Deutschlands (1878), Kanalisation und Pflasterung der Innenstadt (ab 1874), 1884 berief Hünersdorf eine städtische Armenkommission, während seiner 45jährigen Amtszeit hat sich die Einwohnerzahl der Residenzstadt verdoppelt, wobei er auch den Wohnungsbau und die Entwicklung des Stadtbildes gefördert hat; 1890 wurde er Ehrenbürger der Stadt Gotha.

Würdigung: Hünersdorfstraße, Ehrenbürger
Lit.: Schneider, G.: Gothaer Gedenkbuch, Gotha 1906; Goth. Tageblatt vom 21.09.1887; ADB 50 (1905)

Iffland, August Wilhelm

Geboren am: 19. 04. 1759
Geboren in: Hannover
Gestorben am: 22. 09. 1814
Gestorben in: Berlin

Schauspieler, Theaterdirektor und -schriftsteller
Sohn eines Beamten der Kriegskanzlei in Hannover, von Gastspielen der Ackermannschen und der Seylerschen Theatertruppe (französische Klassiker, Lessing) beeindruckt, 1777

Bruch mit Elternhaus und Reise zum Hoftheater Gotha, hier unter Conrad Ekhof (s.d.) erste Erfolge als beliebter Charakterdarsteller, nach Ekhofs Tod nach Mannheim; hier als Schauspieler, Regisseur und Dramatiker unter W.H. von Dalberg seinen Ruhm begründet: 1782 Uraufführung von Schillers „Die Räuber", später auch „Fiesco" und „Kabale und Liebe", 1784 deutschlandweiter Erfolg mit seinem Schauspiel „Verbrechen aus Ehrsucht", 1796 Angebot des preußischen Hofes, Direktor am Berliner Theater zu werden, angenommen, 1806 - 1811 „Almanach für Theater und Theaterfreunde" mit zahlreichen eigenen Beiträgen herausgegeben, seit 1811 Generalintendant der Berliner Theater, war neben Ekhof einer der großen Charakterdarsteller seiner Zeit.

Würdigung: Ifflandstraße, Iffland-Quelle am Seeberg b. Gotha
Lit.: Iffland, A.W.: Über meine theatralische Laufbahn, Stuttgart 1886; Mitscherling, M.: Die Ifflandbiographie (von Joseph Kürschner) in: Joseph Kürschner, Gotha 1990 (Veröff. FB H. 28); ADB 14 (1882); NDB 10 (1974).

Jacobs, Friedrich Christian Wilhelm

Geboren am: 06. 10. 1764
Geboren in: Gotha
Gestorben am: 30(29). 03. 1847
Gestorben in: Gotha

Pädagoge, Bibliothekar, Schriftsteller
Sohn einer Gothaer Beamtenfamilie, Besuch des Gymnasiums Illustre in Gotha, Studium der Theologie und der Altphilologie in Jena und Göttingen; 1785-1807 Lehrer am Gothaer Gymnasium, seit 1802 nebenamtlich als Bibliothekar, 1807-1810 Professor am Lyzeum und Akademiemitglied in München, 1810-1841 Direktor der Gothaer Bibliothek und des Münzkabinetts. Neben seinen umfangreichen Katalogarbeiten zur Erschließung der Bibliotheksbestände hat er von 1814 bis 1823 die Privatbibliothek Herzog Ernst II. sowie die Buchbestände in Friedrichswerth und Molsdorf aufgearbeitet; mit seinen „Beiträgen zur älteren Literatur" (1835-1843) hat er die gelehrte Welt auf zahlreiche Gothaer Handschriften und alte Drucke aufmerksam gemacht und die erste Geschichte der Gothaer Bibliothek verfasst. Als vielseitiger Schriftsteller hat er zahlreiche Erzählungen für Frauen und für Jugendliche geschrieben und Werke der griechischen Literatur übersetzt u. kommentiert. Für seine literaturwissenschaftlichen Verdienste wurde er 1812 Mitglied der Preußischen Akademie der Wissenschaften zu Berlin, als herausragende Gothaer Persönlichkeit 1835 Ehrenbürger der Residenzstadt und erhielt 1837 das Ritterkreuz des Sächs.-Ernestinischen Hausordens.

Würdigung: Friedrich-Jacobs-Straße, Ehrenbürger
Lit.: N Nekr D Leipzig 1847/1.; Ehwald R.: Friedrich Jacobs: Gotha u. sein Gymnasium, 1924; Bader, K.: Lexikon deutscher Bibliothekare, Leipzig 1925, ADB 13 (1881).

Jacobs, Paul Emil

Geboren am: 18. 08. 1802
Geboren in: Gotha
Gestorben am: 06. 01. 1866
Gestorben in: Gotha

Maler
Besuch des Gothaer Gymnasiums, frühes Interesse an antiker Kunst, Ausbildung bei dem Gothaer Maler Friedrich Ludwig Theodor Doell, 1818-1825 Studium an der Kunst-

akademie in München, wo sein Bild „Die Erweckung des Lazarus" entstand, 1826-1828 zweite Italienreise, erste Entwürfe für sein großes Werk „Die Kreuzigung" in Rom in der Werkstatt Via Margutta, 1828 Tätigkeit an der Berliner Akademie mit Bild „Raub der Proserpina", 1829-1830 Bildnismaler in Frankfurt a. M., 1830-1834 in St. Petersburg, für das Smolnakloster 1834 eine „Himmelfahrt Christi" und ein „Abendmahl" gemalt, 1834 schuf er das Ölbildnis seines Vaters Friedrich Jacobs (s.d.), 1835 erhielt er den Auftrag, das Residenzschloss von Hannover mit Wandmalereien zu schmücken, 1838 Reise nach Griechenland, Aufenthalt in Rom; seit 1840 wieder in Gotha, 1856-1857 Vorsitzender des Deutschen Kunstvereins, für seine zahlreichen Arbeiten erste Preise auf den Ausstellungen in Manchester (1841) und Philadelphia (1850), Mitglied der Akademien der Künste Berlin und Petersburg, der Herzog verlieh ihm die Titel „Hofmaler" und „Hofrat", seine Bilder schenkte er Kirchen und Schulen, den Schwerpunkt seiner Tätigkeit fand er nach seiner Rückkehr aus Griechenland (1838) in der Darstellung romantischer Einzelfiguren und Gruppen aus dem Volksleben des Orients, zu seinen weiteren Werken gehören u.a. in Gotha das Altarbild in der Schlosskirche, vier Allegorien (Geschichte, Erdkunde, Mathematik und Religion) in der Aula der Myconiusschule, „Der Erlöser" und „Maria mit dem Kinde über Gotha" in der Christkönigskirche Gotha, „Luther" und „Melanchthon" in der Kirche in Wechmar bei Gotha, weitere Gemälde im Depot des Gothaer Schlossmuseums.

Würdigung: Denkmal Burgfreiheit/ Ecke Bergallee
Lit.: Schneider, G.: Gothaer Gedenkbuch, Gotha 1906; Hellbing, K.; Laue, A.: Bildhauer und Maler in Gotha, Urania Gotha 1999; ADB 13 (1881); TB 18 (1925).

Jänner, Gustav

Geboren am: 21. 01. 1863
Geboren in: Gotha
Gestorben am: 13. 02. 1941
Gestorben in: Gotha

Lehrer, Heimatforscher, Entomologe
Ausbildung zum Volksschullehrer am Lehrer-Seminar in Gotha, 1885 - 1899 Lehrer in Sättelstädt (Kreis Eisenach), seit 1900 erst an der Reyherschule, später bis zu seiner Pension (1932) an der Lutherschule in Gotha; volkskundliche Forschungen, u.a. „Die Mythen des Hörselberges" (1899) und zahlreiche Zeitschriftenaufsätze, sein heimatkundlicher Nachlaß in der Forschungsbibliothek Gotha; außerdem Entomologe, zeitweilig Vorsitzender des Thüringer Entomologischen Vereins in Jena,

seine umfangreiche Käfersammlung ist die größte und reichhaltigste im Museum der Natur zu Gotha, seine Publikationen zur Thüringer Entomologie zeigen ihn als guten Kenner der systematischen Entomologie.

Lit.: Abh. Ber. Mus. d. Natur Gotha, H. 2 (1965)

Jenzsch, Gustav Julius Sigmund

Geboren am: 26. 05. 1830
Geboren in: Dresden
Gestorben am: 29. 11. 1877
Gestorben in: Meißen

Geologe, Mineraloge
Studium an der Bergakademie Freiberg / Sachsen und an den Universitäten Leipzig und Berlin, unterbrochen vom Militärdienst (Leutnant), 1854 in Paris, chemische Laborstudien in Berlin, Empfehlung des Chemikers Justus von Liebig an Herzog Ernst II. von Sachsen-Coburg und Gotha, der ihn im Schloss Mönchshof (Siebleben bei Gotha) aufnahm und 1858 zum Bergrat ernannte; hier Einrichtung seines Laboratoriums für mineralogische Untersuchungen, zahlreiche geologische Veröffentlichungen, zeitweilig Lehrer in Frankfurt / Main, 1874 wegen Krankheit Umzug nach Freiberg / Sachsen, später zu seiner Mutter nach Meißen, wo er starb und auf dem Friedhof in Siebleben beerdigt wurde (Grabstätte und Marmorgedenkstein nicht mehr erhalten). Er besaß umfangreiche mineralogische Sammlungen.

Würdigung: Jenzschstraße
Lit.: Schneider, G.: Gothaer Gedenkbuch 2 (1990); Poggendorff I (1863), III (1898).

Johann Friedrich II., der Mittlere

Geboren am: 08. 01. 1529
Geboren in: Torgau
Gestorben am: 09. 05. 1595
Gestorben in: Steyr (Österreich)

Herzog von Sachsen
Ältester Sohn des Kurfürsten Johann Friedrichs I. von Sachsen, führte nach der Gefangennahme seines Vaters in der Schlacht von Mühlberg (Elbe) 1547 mit seinen Brüdern die Regierung, seit 1557 allein weiter; ließ die Gothaer Festung Grimmenstein wieder ausbauen; im Streit des fränkischen Reichsritters Wilhelm von Grumbach (1503-1567) mit dem Bischof von Würzburg stellte sich der Herzog auf dessen Seite und lieferte ihn trotz der über den Ritter, später auch über ihn verhängten Reichsacht nicht aus; 1566 begann Kurfürst August von Sachsen mit Reichsexekutionen der Geächteten und belagerte Gotha und die Festung Grimmenstein, bis die Stadt und der Herzog am 13. April 1567 kapitulierten; Grumbach und andere Gefangene wurden auf dem Haupt-

markt hingerichtet und Johann Friedrich II., der sein Land an seinen Bruder Johann Wilhelm in Weimar verlor, in lebenslange kaiserliche Haft nach Wiener Neustadt, zuletzt nach Steyr (Oberösterreich) gebracht, wo er starb.

Lit.: Beck, A.: Herzog Johann Friedrich der Mittlere, Weimar 1858; ADB (14) 1881; Barthel, A.: Herzog Johann Friedrich der Mittlere und Ritter Wilhelm von Grumbach, Jahrb. Coburger Landesstiftung 3 (1958).

Juch, Ernst

Geboren am: 25. 04. 1838
Geboren in: Gotha
Gestorben am: 05. 10. 1909
Gestorben in: Wien

Maler, Graphiker
Sohn eines Porzellanmalers, früh verwaist, nach Beendigung der Schulzeit beim Gothaer Bildhauer Eduard Wolfgang (s. d.) Ausbildung zum Porzellanmodelleur, Tätigkeit in der Schierholzschen Porzellanfabrik in Plaue bei Arnstadt, wanderte 1859 über Passau nach Wien, seit 1864 Zeichner für verschiedene Zeitschriften wie „Wiener Luft", „Kikeriki" und „Der g'rade Michael", nebenberuflich widmete er sich dem Zeichnen von Flugblättern, Einladungen und humorvollen Postkarten, hat auch zahlreiche Statuetten, Reliefs und kleinere Büsten gefertigt, die meist die engsten Freunde seines Wiener Lebens darstellen, Wiens humorvollster, satirischer Zeichner und Modelleur.

Lit.: Schneider, G.: Gothaer Gedenkbuch, Gotha 1906; Hellbing, K., Laue, H.: Bildhauer und Maler in Gotha, Urania Gotha 1999; TB 19 (1926).

Kaufmann, Hermann

Geboren am: 17. 01. 1901
Geboren in: Gotha
Gestorben am: 30. 04. 1996
Gestorben in: Bochum

Lehrer, Archäologe
Nach Schulbesuch in Sonneborn und Lehrerausbildung in Gotha von 1921 - 1939 Lehrer in Sonneborn; angeregt von einigen steinzeitlichen Bodenfunden aus der dortigen Dorfflur begann er seine archäologischen Forschungen im mittleren Nessetal und baute eine umfangreiche ur- und

frühgeschichtliche Sammlung auf, die er 1940 aus Platzmangel an das damalige Heimatmuseum abgab, nachdem er 1939 auf eigenen Wunsch nach Gotha gegangen war und in der Fachwelt durch seine Veröffentlichungen bekannt geworden war, u.a. auch mit Prof. Gotthard Neumann vom Jenaer Universitätsinstitut für Ur- und Frühgeschichte; im Juli 1944 zum zweiten Mal zum Kriegsdienst eingezogen und nach seiner Rückkehr Ende 1945 am 1. Mai 1946 beim Heimatmuseum angestellt, bis zu seiner Entlassung am 31.12.1952 im Zusammenhang mit der behördlich angeordneten Schließung des Museums konnte er für die Erhaltung und Neuordnung der Bestände, freilich nicht im ideologischen Sinn des Kreisamtes, sowie für die Sicherung gefährdeter Kulturgüter im Landkreis erfolgreich arbeiten. Da es für ihn als Lehrer der NS-Zeit hier keine Chancen eines beruflichen Neuanfanges gab, konnte er die Ausreise in die Bundesrepublik (29.09.1957) erreichen und wieder als Lehrer in Bochum bis zu seiner Pensionierung (1974) tätig sein; danach hat er eine aufschlußreiche Darstellung seines Lebensweges bis 1977 geschrieben (heute als Typoskript im Museum für Regionalgeschichte und Volkskunde), unter seinen zahlreichen Aufsätzen über wissenswerte Bodenfunde aus drei Jahrzehnten ist die umfangreiche „Ur- und Frühgeschichte des Gothaer Landes" im Gothaer Museumsheft 1964 als Resümee seiner Forschungsarbeit bedeutsam.

Würdigung: Gedenktafel am ehemaligen Schulhaus in Sonneborn
Lit.: Auszüge aus „Mein Leben im Ablauf der Geschichte", GMH 1991 (Sonderheft Hermann Kaufmann) und GMH 1996

Kellner, August

Geboren am: 18. 08. 1794
Geboren in: Weberstedt bei Langensalza
Gestorben am: 28. 03. 1883
Gestorben in: Gotha

Förster, Entomologe
1812 Lehre beim herzoglichen Forstmeister Braun, Revierförster in Zella St. Blasü (Zella-Mehlis), Finsterbergen und Georgenthal, auf Veranlassung und mit Förderung des Kammerpräsidenten von Schlotheim befaßte er sich mit naturwissenschaftlichen Studien, beschäftigte sich mit der Lebenswelt des Waldes, besonders den schädlichen Forstinsekten. Seine umfangreiche Sammlung deutscher Großschmetterlinge, 1879 vom Gothaer Herzog angekauft, wurde ein Grundstock des Museums der Natur in Gotha, 1863 pensioniert, widmete sich ganz der Entomologie und vervollständigte seine Sammlungen, gilt als bedeutendster Thüringer Entomologe seiner Zeit, wohnte 1864-1883 in der Parkallee (heute Puschkinallee) 4, publizierte ein um-

fassendes „Verzeichnis der Käfer Thüringens" (Erfurt 1873) als erste entomologische Erfassung.

Würdigung: Gedenktafel am Wohnhaus in der Puschkinallee 4 (seit 1883)
Lit.: Schneider, G.: Gothaer Gedenkbuch, Gotha 1906; Abh. Ber. Mus. 1965.

Klotz, Leopold

Geboren am: 05. 12. 1879
Geboren in: Stuttgart
Gestorben am: 25. 01. 1956
Gestorben in: Gotha

Verleger
Sohn eines Juristen, Ausbildung zum Buchhändler in Stuttgart und Berlin, seit 1914 Direktor des Verlages Friedrich Andreas Perthes AG in Gotha, der 1922 mit der Deutschen Verlagsanstalt in Stuttgart vereinigt wurde. Nach 1918 Mitbegründer der Literarischen Gesellschaft zur Förderung des kulturellen Lebens (Theater, Musik, Literatur). 1925 Gründung des Leopold Klotz Verlages in Gotha durch Übernahme der theologischen und religiösen Verlagsteile des ehemaligen Perthesverlages, 1937 Übersiedlung nach Leipzig, dort auch Leiter des J. C. Hinrichs Verlag. Er setzte sich vor allem für die Literatur der liberalen Theologie ein und unterstützte die ökumenische Bewegung und die Deutsche Friedensgesellschaft. 1944 Auszeichnung mit der Leibniz-Medaille der Preußischen Akademie der Wissenschaft; für die Herausgabe einer mehrbändigen Lutherausgabe erhielt er 1953 die Ehrendoktorwürde der Theologischen Fakultät der Universität Marburg.

Lit.: Escherich, M.: Villen in Gotha, Arnstadt 1998; NDB 12 (1980)

Koch, Ida

Geboren am: 08. 01. 1840
Geboren in: Frienstädt bei Erfurt
Gestorben am: 11. 03. 1892
Gestorben in: Gotha

Wohltätige Stifterin
Bei einer Familie Koch als Pflegeeltern aufgewachsen, die später mit ihr nach Gotha zogen; 1892 hat sie die Stadt Gotha testamentarisch zur Universalerbin ihres Nachlasses eingesetzt, ihre „Ida-Koch-Stiftung" sollte alleinstehende Frauen und Witwen unterstützen. Dafür wurde das Haus an der Waltershäuser Straße 50 gebaut (Einweihung am 11. November 1894; 1999 saniert). Außer dieser Stiftung, die vielen Frauen ein besseres Dasein ermöglichte, hat sich Ida Koch in ihrem Leben stets für die Belange und Interessen der Frauen eingesetzt.

Würdigung: Ida-Koch-Straße, Inschrift „Ida-Koch-Stiftung" am Haus Waltershäuser Str. 50
Lit.: Schneider, G.: Gothaer Gedenkbuch, Gotha 1906; Historische Frauenpersönlichkeiten der Stadt Gotha (1), Gotha 1997

Koch-Gotha, Fritz

Geboren am: 05. 01. 1877
Geboren in: Eberstädt bei Gotha
Gestorben am: 16. 06. 1956
Gestorben in: Rostock

Maler, Graphiker, Buchillustrator
Sohn eines Gutsinspektors, Besuch des Gymnasiums in Gotha, kaufmännische Ausbildung, 1895 Studium an der Leipziger Kunstakademie, 1897 zur Kunstakademie nach Karlsruhe; seit 1899 freiberufliche Tätigkeit als Illustrator in Leipzig, 1902 in Berlin, 1904-1922 ständiger Mitarbeiter an der „Berliner Illustrirten Zeitung" (Ullstein-Verlag), 1906 legte er sich den Namen „Koch-Gotha" zu, um sich von den vielen anderen Kochs in Berlin zu unterscheiden, Reisen nach Petersburg (1905), Paris (1908), Konstantinopel (1910); zusammen mit dem Berliner Maler und Zeichner Heinrich Zille (1858-1929) erhielt Fritz Koch-Gotha für sein graphisches Schaffen den Adolph-Menzel-Preis; er wandte sich verstärkt dem Gebiet der Buchillustration zu, denn seine intuitive Begabung Sprachliches im Bild umzusetzen erschloß ihm ein großes Betätigungsfeld, von seinen Büchern ist die „Die Häschenschule" (1923, Text von A. Sixtus) heute noch ein beliebtes Kinderbuch, auch sein „Waldi" und „Peter Purzelbaum" wurden bekannt; 1943 verlor er durch Bombenangriffe seine Existenz, wobei sein ganzes künstlerisches Lebenswerk verbrannte, zog sich nach Altenhagen in die Nähe der Künstlerkolonie Ahrenshoop (Mecklenburg) zurück, noch 1945 Buchillustrationen für Rostocker Verlage („Die Schildbürger") und Arbeiten für die satirische Zeitschrift „Frischer Wind" (später: „Eulenspiegel") in Berlin. Einen Teil seines künstlerischen Nachlasses erwarb 1957 die damalige Landesbibliothek (später Forschungsbibliothek) Gotha, später kam noch die vollständige Koch-Gotha-Sammlung des Dresdner G. Naumann dazu.

Lit.: Timm, R.: Fritz Koch-Gotha, Berlin 1971; TB 21 (1927); NDB 12 (1980).

Köhler, August

Geboren am: 09. 09. 1821
Geboren in: Trasdorf bei Arnstadt
Gestorben am: 22. 04. 1879
Gestorben in: Gotha

Pädagoge, Gründer der ersten Kindergärtnerinnenschule
Sohn eines Lehrers, besuchte die Dorfschule, 1838-1845 Schüler des Gothaischen Lehrer-Seminars, 1846 Lehrer in Schnepfenthal und seit 1848 in Gotha, Er gründete 1851 eine Privatschule für Mädchen, seine ungewöhnliche Begabung für den Umgang mit Kleinkindern führte drei Jahre später zum Anschluss eines Kindergartens an seine Bildungseinrichtung, 1859 konnte er in Gotha den Deutschen Fröbelverein zur Förderung der Kindergartenerziehung gründen, 1864 gründete er das erste Kindergärtnerinnenseminar Deutschlands in Gotha, 1868 Teilnahme am Philosophen-Kongress in Prag, 1870 Teilnahme an der Allgemeinen Deutschen Lehrerversammlung in Wien. 1872 verwirklichte er seinen „lang gehegten Plan": Vereinigung von Kindergarten, Töchter- u. Fortbildungsschule, Kindergärtnerinnen - und Lehrerinnen-Seminar mit 14 Lehrern. Für eine Polytechnische Ausstellung in Moskau hatte er 1873 eine Abteilung über Kleinkindererziehung aufgebaut. Seine reichen Kenntnisse und Erfahrungen hat er in mehreren z. T. umfangreichen Büchern publiziert, u. a. in der dreibändigen „Praxis des Kindergartens" (1871/72).

Lit.: Justus, K.: August Köhler, Gotha 1877; ADB 16 (1882); Schmidt, L.: Dem Gedächtnis eines hervorragenden Gothaer Pädagogen, RuF 6 (1929) 9.

Kohlstock, Karl

Geboren am: 03. 05. 1864
Geboren in: Gotha
Gestorben am: 26. 06. 1935
Gestorben in: Gotha

Schuldirektor, Heimatforscher
Sohn eines Drechslermeisters, Besuch der Realschule, 1881-1884 Ausbildung am Lehrerseminar in Gotha, danach Lehrer an verschiedenen Schulen in Gotha, zeitweilig auch Schuldirektor der Schulen in Zella

(-Mehlis), 1896 Direktorenprüfung, 1904-1929 Direktor der Reyherschule in Gotha; Mitglied in verschiedenen Vereinen, u. a. im Genealogische Verein und im Verein für Gothaische Geschichte, engagierte sich seit 1906 besonders in der Guttemplerloge „Friedenstein" (Abstinenzverein), neben zahlreichen heimatkundlichen Aufsätzen in der Gothaer Beilage „Rund um den Friedenstein" auch als Verfasser der 30 Wanderhefte „Entdeckungsreisen in der Heimat" (1904, 2. Aufl. 1926) bekannt geworden.

Würdigung: Kohlstockstraße
Lit.: Gothaisches Tagesblatt vom 27.06.1935 (Nachruf)

Kries, Friedrich Christian

Geboren am: 18. 10. 1768
Geboren in: Thorn
Gestorben am: 29. 05. 1849
Gestorben in: Gotha

Mathematiker, Pädagoge
Vater Rektor des Thorner Gymnasiums, nach Schulbesuch ab 1786 Studium der Theologie und Philologie in Leipzig, 1787 - 1789 Studium der Mathematik, Naturkunde und Philologie in Göttingen, von Heyne an das Gothaer Gymnasium empfohlen, hier erst als Kollaborator, seit 1797 als Professor Lehrer für Mathematik und Physik bis Ostern 1840; Verfasser von mehreren Schulbüchern, u.a. „Lehrbuch der reinen Mathematik" (5. Aufl. 1831) und „Lehrbuch der Physik" (5. Aufl. 1835) sowie von „Vorlesungen über die Naturlehre für Frauenzimmer", auch setzte er sich dafür ein, dass Mathematik (nur in Gotha und Altenburg Pflichtfach) beim Abitur als Pflichtfach auch schriftlich geprüft werden sollte; zusammen mit L. Chr. Lichtenberg (s.d.) Herausgeber der „Vermischten Schriften" des Göttinger Physikers G. Chr. Lichtenberg (erste Gesamtausgabe 1800 - 1806); außerdem übersetzte er französische, englische und italienische Abhandlungen sowie griechische Werke und beherrschte die lateinische Sprache in Wort und Schrift, ein Verzeichnis seiner Arbeiten befindet sich im Programm des Gothaer Gymnasiums des Jahres 1850.

Lit.: Schneider, G.: Gothaer Gedenkbuch, Gotha 1906; Poggendorff I (1863); ADB 17 (1883)

Krüger, Herman Anders

Geboren am: 11. 08. 1871
Geboren in: Dorpat (Estland)
Gestorben am: 10. 12. 1945
Gestorben in: Neudietendorf (Krs. Gotha)

Schriftsteller, Literaturhistoriker, Bibliothekar
Als Sohn eines Gemeindepfarrers pietistisch geprägt, studierte er Theologie, Geschichte, Nationalökonomie, Geographie und Germanistik, Hauslehrer in Genua, 1898-1905 Lehrer und Bibliothekar in Dresden, 1905 Privatdozent für Literaturgeschichte an der TH Hannover, 1905-1913 Professor für deutsche Sprache und Literatur, 1914 Kriegsfreiwilliger, zuletzt Hauptmann d. R.; 1919 Abgeordneter der Deutschen Demokratischer Partei in Gotha, Mitglied der Weimarer Nationalversammlung, 1920 Staatsrat in der ersten thüringischen Landesregierung, 1921-1925 Direktor der Gothaer Landesbibliothek; Studienreise in die Sowjetunion (Oktober 1925), 1928-1934 Direktor der Landesbibliothek Altenburg. Nach seiner Entlassung durch die Thüringer NS-Regierung seit 1934 freier Schriftsteller in Neudietendorf. 1904 durch seinen Roman „Gottfried Kämpfer" bekannt geworden, außerdem zahlreiche Romane („Verjagtes Volk" 1924, Fridericus-Trilogie 1936) und Erzählungen, Biographie des Dichters Wilhelm Raabe (1941); arbeitete nebenbei als Tischler und Buchbinder, schuf Plastiken und Kacheln, Graphiksammler.

Lit.: Bäte, L.: Hermann Anders Krüger, Gotha 1958 (Veröff. FLB Gotha, H. 7); Kürschner Lit Kal 50 (1943); NDB 13 (1982).

Krusewitz, Julius

Geboren am: 06. 05. 1850
Geboren in: Wohlsbüttel
Gestorben am: 25. 05. 1923
Gestorben in: Gotha

Architekt, Bildhauer
Sohn eines Pastors, kaufmännische Lehre, 1872 Studium der Architektur in Zürich und Berlin, danach praktische Erfahrungen als Architekt und Bauunternehmer in Zürich und Wien, 1876-1883 Lehrer an der technischen Bauschule Buxtehude, 1878 (für ein Semester beurlaubt) Studienreise nach Italien, Frankreich und England. 1883-1920 Lehrer, seit 1905 als Professor an der herzogli-

chen Baugewerbe- und Handwerkerschule in Gotha, unterrichtete vor allem in Baukonstruktion und Fachzeichnen. Für viele Bauwerke in Gotha, Friedrichroda, Zella und Mehlis fertigte er die Projektzeichnungen. In Gotha projektierte er zahlreiche Wohn- und z. T. repräsentative Geschäftshäuser, deren Fassadengestaltung mit ihren Säulendekor für Krusewitz charakteristisch sind. Er betätigte sich auch als Bildhauer, Holzschnitzer und talentierter Maler und schrieb Fachbücher, u. a. mit seinem Kollegen H. Issel über den Fassadenbau des Altertums und der Renaissance. Ein Ausdruck seiner Großherzigkeit sind seine Schenkungen, u. a. 300.000 Mark für gemeinnützige Zwecke. 1920 wurde er als Unbeteiligter bei den Kämpfen des Kapp-Putsches angeschossen.

Würdigung: Krusewitzstraße, OT Sundhausen
Lit.: Escherich, M.: Villen in Gotha, Arnstadt 1998

Kürschner, Joseph

Geboren am: 20. 09. 1853
Geboren in: Gotha
Gestorben am: 29. 07. 1902
Gestorben in: Windisch-Matrei (Tirol)

Lexikograph und Zeitschriftenredakteur
Sohn eines Goldschmieds, nach der Schulzeit Mechanikerlehre, verfasste bereits als Lehrling anonym Theaterkritiken; 1871 Übersiedlung nach Leipzig, hörte Germanistikvorlesungen; 1872 erste Buchveröffentlichung, 1875 Übersiedlung nach Berlin, Redakteur verschiedener Zeitschriften, 1881 Übersiedlung nach Stuttgart, 1881 Ernennung zum Professor durch Herzog Ernst II. von Sachsen-Coburg-Gotha, 1882 Redakteur von „Deutsche National-Literatur", 1883 Herausgeber des „Deutschen Literaturkalenders", 1884 herzoglicher Hofrat, 1885 Gründung des Deutschen Schriftstellervereins, 1889 literarischer Direktor der Deutschen Verlagsanstalt in Stuttgart, 1889 Redakteur von „Über Land und Meer" und „Deutsche Romanbibliothek", Gründer der Zeitschrift „Aus fremden Zungen", Bruch mit der Deutschen Verlagsanstalt, allmähliches Ausscheiden aus den Redaktionen, 1891 Mitglied im Aufsichtsrat der neugegründeten deutschen Schriftstellergenossenschaft in Berlin; 1892 Übersiedlung nach Eisenach, 1895-1902 literarischer Leiter und stiller Teilhaber der Firma Hermann Hillger Verlag in Berlin, 1896 Gründer und Direktor des „Richard-Wagner-Museums" in Eisenach, Verfasser und Herausgeber von insgesamt 500 Büchern, darunter u.a. eine Biographie von Conrad Ekhof (1872), Kürschners Universal-Konversations-Lexikon, Weltsprachenlexikon (1895), Lexikon des deutschen Rechts, Staatshandbuch und Handbuch der Presse; starb wäh-

rend eines Urlaubs in den Alpen, Einäscherung auf Wunsch in seiner Heimatstadt Gotha, im erstem Krematorium Europas.

Würdigung: Tafel am Geburtshaus von J. Kürschner, Querstraße 6
Lit.: Mitscherling, M.: Joseph Kürschner (Nachlaßverzeichnis), Gotha 1990 (FB Gotha, H. 28), Kürschner Dt. Lit.-Kal. 25 (1903); NDB 13 (1982).

Lang, Wilhelm

Geboren am: 22. 11. 1819
Geboren in: Wetzlar
Gestorben am: 25. 10. 1895
Gestorben in: Gotha

Buchbindermeister, Wohltäter
Als Waisenknabe in Pflege eines Schlotfegers aufgewachsen, Lehre zum Buchbindermeister. Seit 1838 in Gotha, Gehilfe im Buchbindergeschäft Hennicke, führte 1842 den Betrieb für die Witwe weiter. 1851 übernahm er das Geschäft unter dem Namen „J. W. Lang", die in der Siebleber Straße 39 ansässige Firma wurde unter seiner Leitung die größte Buchbinderei in Gotha, er war auch gemeinnützig aktiv, viele Jahre als Bibliothekar des Gewerbevereins, gehörte 1857 zu den Gründern der Gewerbebank, Aufsichtsratsvorsitzender der Gewerbebank, 1861-1876 Stadtverordneter, Mitglied der Freisinnigen Volkspartei. Aus Anhänglichkeit zu Gotha übereignete er 1893 der Stadt eine Schenkung in Höhe von 41.000 Mark für gemeinnützige Zwecke; davon sollten 35.000 Mark für die Haushaltsschule zur Ausbildung unbemittelter Mädchen dienen und der Rest als Stiftung für tüchtige Realschüler. Dazu wurde in der Gotthardstraße 9 das Haus der „J. W. Lang`schen Stiftung" errichtet, in der auch 1898 die öffentliche Stadtbibliothek (seit 1950 in der Orangerie) gegründet wurde.

Lit.: Schneider, G.: Gothaer Gedenkbuch, Gotha 1906; Wenzel, M.: Das Vermächtnis des Buchbinders Wilhelm Lang, TLZ vom 27.10. 1995

Laßwitz, Kurd

Geboren am: 20. 04. 1848
Geboren in: Breslau
Gestorben am: 17. 10. 1910
Gestorben in: Gotha

Pädagoge, Schriftsteller, Naturwissenschaftler
Sohn eines Eisenwarengroßhändlers, schrieb schon als Schüler Gedichte; Besuch des St. Elisabeth-Gymnasiums, 1866-1868 Studium der Mathematik, Physik, Astronomie und Philosophie in Breslau, Mitglied der dortigen Mathematischen Gesellschaft; weitere Studien in Berlin, Militärdienst im Deutsch-Französischen Krieg, 1873 Promotion an der Universität in Breslau, danach zweijähriger Unterricht als Lehramtskandidat am Gymnasium in Ratibor (Schlesien). Seit 1876 Lehrer für Mathematik, Physik und Philosophie am Gymnasium Ernestinum in Gotha, 1884 Professor, seit 1876 Mitglied des „Freundeskreises der Sternwarte Gotha". 1884 Mitbegründer und später Vorsitzender der „Mittwochs-Gesellschaft", für die er über 50 Vorträge und Literaturlesungen hielt. Seit 1884 Mitglied der Akademie der Naturwissenschaften „Leopoldina". Seine zahlreichen utopisch-wissenschaftlichen Werke, darunter die beiden Sammlungen „Seifenblasen. Moderne Märchen" (1890) und „Nie und Immer. Neue Märchen" (1902), besonders aber sein erfolgreicher Roman „Auf zwei Planeten" (1897) haben mit ihren Neuauflagen (zuletzt 1999) und frühen Übersetzungen seinen literarischen Ruhm als Science Fiction-Autor begründet. Auch als Philosophiehistoriker ist er mit seiner „Geschichte der Atomistik" (1890, Neudrucke 1963 u. 1984) von besonderer Bedeutung.

Würdigung: Kurd-Laßwitz-Weg; Gedenktafel am Gymnasium Ernestinum

Lit.: Roob, H.: Kurd Laßwitz. Handschriftlicher Nachlass u. Bibliographie, Gotha 1981 (Veröff. FB, H. 19); Roob, H.: Utopie und Wissenschaft, Gotha 1998; Schweikert, R.: Kurd Laßwitz - Auf zwei Planeten, München 1998.

Lichtenberg, Ludwig Christian

Geboren am: 05. 01. 1737
Geboren in: Ober-Ramstädt
Gestorben am: 29. 03. 1812
Gestorben in: Gotha

Physiker, Legationsrat
Sohn eines Pfarrers und älterer Bruder des bekannten Göttinger Professors Georg Christoph Lichtenberg (1742-1799), Studium der Theologie in Halle und in Göttingen Jura, 1765 Geheimer Archivar am Gothaer Hof, betrieb nebenher naturwissenschaftliche Studien mit eigener umfangreicher Sammlung physikalischer Apparaturen und Geräte (1786 von Herzog Ernst II. aufgekauft) und hielt hier auch experimentelle Vorlesungen über Physik, u.a. über richtiges Verhalten bei herannahenden Gewittern, 1777 Mitbegründer der „Gothaischen Gemeinnützigen Gesellschaft" und Herausgeber eines „Magazins für das Neue-

ste aus der Physik und Naturgeschichte" (Gotha 1781-1794); 1782 Legations- und 1803 Geheimer Assistenzrat, zusammen mit dem Gothaer Mathematiker Friedrich Kries (s.d.) gab er „Georg Christoph Lichtenbergs vermischte Schriften" aus dem Nachlaß seines Bruders heraus (9 Bde., Göttingen 1800-1806), die im 19. Jahrhundert Grundlage für die Lichtenberg-Forschung waren.

Lit.: Poggendorff I (1863)

Liebetrau, Otto

Geboren am: 06. 08. 1855
Geboren in: Gräfentonna
Gestorben am: 25. 09. 1928
Gestorben in: Gotha

Jurist, Oberbürgermeister
Sohn eines Juristen, 1874 nach Abitur am Gymnasium Ernestinum Jurastudium in Marburg, Leipzig und Jena, ein Jahr Militärdienst (Leutnant d. R.), 1878 Referendar in Gotha, Ohrdruf und Tonna, 1880 Assessorprüfung beim OLG Jena, 1881 Amtsanwalt beim Amtsgericht Gotha, 1882 Senator und Stellvertreter des Bürgermeisters, 1890 Bürgermeister, 1894 Oberbürgermeister; in seiner 38-jährigen Amtszeit von 1890 bis 1919 fiel der Bau zahlreicher öffentlicher Gebäude, u. a. Hauptpostamt (1889) Amts- und Landesgericht (1895/96), Elektrizitätswerk und elektrische Straßenbahn (1894), Reyherschule (1900), Oberrealschule (Arnoldigymnasium, 1909/11), Baugewerbeschule (1910/11), außerdem der Erwerb von neuen Grundstükken und die Förderung des sozialen Wohnungsbaus für die ständig wachsende Bevölkerung sowie die von seinem Vorgänger Hünersdorf begonnene Kanalisierung und Straßenpflasterung und -beleuchtung. 1892-1918 Mitglied des Landtags, 1901-1918 Vorsitzender des Gothaer Landtags (seit 1908 Landtagspräsident), 1914-1919 Vorsitzender des Thüringer Städteverbandes, 1920-1922 Mitglied (Volksbeauftragter) der Landesregierung, ab 1922 alleiniger Gebietsleiter für das ehemalige Herzogtum Gotha (bis 1923), 1919-1926 stellvertretender Vorsitzender des Thüringer Kirchentages; sein Vermögen stiftete er für das neueröffnete Heimatmuseum, 1919 wurde er für seine außerordentlichen Verdienste zum Ehrenbürger der Stadt Gotha ernannt.

Würdigung: Ehrenbürger, Liebetraustraße
Lit.: Samwer, K.: Otto Liebetrau (1855-1928); MVG, Gotha 1929.

Lindenau, Bernhard August von

Geboren am: 11. 06. 1779
Geboren in: Altenburg
Gestorben am: 26. 05. 1854
Gestorben in: Altenburg

Astronom, Staatsmann
Sohn eines sächsischen Appellationsrats, mit 15 Jahren in Leipzig Jurastudium sowie Mathematik und Astronomie bis 1798, danach Assessor am Kammerkollegium in Altenburg, 1801 Kammerrat in Gotha, infolge seelischer Konflikte ließ er sich 1804 vom Staatsdienst beurlauben, widmete sich 1804-1817 ganz der Astronomie an der Sternwarte auf dem Seeberg bei Gotha, 1808 Direktor, bedeutende astronomische Werke: die Venustafeln (1810), die Merkurtafeln (1813), die Marstheorie (1811); 1813 als Oberstleutnant u. Generaladjutant des Herzogs Carl August Teilnahme am Feldzug gegen Napoleon, 1818 Vize-Landschaftsdirektor; 1822-1826 erwarb er sich als Staatsminister große Verdienste um die Landesregierung während des Interregnums nach dem Tod Herzog Augusts von Sachsen-Gotha-Altenburg bis zum Regierungsantritt Herzogs Ernsts I. von Sachsen-Coburg und Gotha, seine Verbundenheit mit der Bevölkerung brachte ihm den Namen „Herzog Bernhard" ein, 1826 wurde er Ehrenbürger der Stadt Gotha, 1827 trat er in den sächsischen Staatsdienst, seit 1829 Mitglied des Geheimen Rats, als Innenminister (1830-1834) leitete er eine neue Epoche der Staatsverwaltung ein (1831 Einführung einer neuen Verfassung, 1832 Städteordnung, Oberaufsicht über Kunstakademie und Kunstsammlungen in Dresden u. a.), 1843 Rücktritt; später Präsident der Ständeversammlung des Herzogtums Sachsen-Altenburg, 1848 Mitglied der Frankfurter Nationalversammlung (linkes Zentrum); einziger Abgeordneter, der über 30 Jahre als führender Staatsmann tätig war und durch seine Wahl eine Bestätigung durch das Volk erhalten hatte; berühmt die von ihm gestiftete Kunstsammlung der frühen Italiener (Mittelalter) im Altenburger Lindenau-Museum. Umfangreicher Briefwechsel mit A. v. Humboldt, C. F. Gauss u. a.

Würdigung: Lindenauallee, Ehrenbürger, ein Mondkrater trägt seinen Namen
Lit.: Volger, F.: Bernhard v. Lindenau als Gelehrter und Staatsmann, Altenburg 1896; Ballhausen, C.: Die große Bedeutung des Bernhard August von Lindenau als Astronom und Staatsmann, RuF 15 (1938); Poggendorff I (1863), VIIa Suppl. (1971); ADB 18 (1883); NDB 14 (1985).

Loch, Hans

Geboren am: 02. 11. 1898
Geboren in: Köln
Gestorben am: 13. 07. 1960
Gestorben in: Berlin

Politiker, Jurist
Sohn eines Werkzeugschlossers, Studium der Rechtswissenschaften und Philosophie in Bonn und Köln, 1923 Promotion, danach Referendarzeit an Gerichten in Koblenz und Köln, 1919-1924 Mitglied der Deutschen Demokratischen Partei, 1927 Eröffnung einer eigenen Anwaltskanzlei, 1936-1937 zum Schutz seiner Stieftochter vor Rassenverfolgung Emigration nach Amsterdam, Teilnahme am Zweiten Weltkrieg (zuletzt Oberzahlmeister); 1945 zählte er zu den Gründern der LDPD (Liberaldemokratischen Partei Deutschlands) im Kreis Gotha, 1946 Referendar am Amtsgericht Gotha, 1946-1948 erster (nach 1933) frei gewählter Oberbürgermeister von Gotha, 1948 Justizminister des Landes Thüringen, 1949 Landesvorsitzender der LDPD in Thüringen, 1950 stellvertretender Ministerpräsident der DDR, 1950-1955 Finanzminister im Kabinett Grotewohl, 1951-1960 Vorsitzender der LDPD der DDR, schrieb 1953-1959 sieben Bücher, meist über seine Reisen in die damalige Sowjetunion.

Würdigung: Dr.-Hans-Loch-Straße
Lit.: Escherich, M.: Villen in Gotha (1), Arnstadt 1998; NDB 14 (1985).

Löffler, Josias Friedrich Christian

Geboren am: 18. 01. 1752
Geboren in: Saalfeld
Gestorben am: 04. 02. 1816
Gestorben in: Gamstädt bei Erfurt

Theologe, Pädagoge
Sohn eines Juristen, 1762 Tod des Vaters, aufgewachsen im Franckeschen Waisenhaus in Halle, 1769-1774 Theologiestudium in Halle, 1777 Prediger an der Hofgerichtskirche Berlin, 1778-1779 preußischer Feldprediger im Bayerischen Erbfolgekrieg in Schlesien, 1782 Berufung zum Professor für Theologie an die Universität in Frankfurt und 1786 zum Superintendent, hier und auch später freundschaftliches Verhältnis zu den Brüdern Alexander und Wilhelm von Humboldt; seit 1788 Generalsuperintendent und Oberkonsistorialrat in Gotha, war hier als frei-

er Kanzelredner sehr beliebt, 1796 ernannte ihn die theologische Fakultät Kopenhagen für seine publizistische Tätigkeit zum Ehrendoktor; auf dem Gebiet des Gothaer Schulwesens große Verdienste als Gründer der Freischule für Kinder armer Familien (1800) erworben, Verfasser von Lesebüchern, theologischer Abhandlungen und Sammlungen seiner Predigten, starb bei der Einführung eines neuen Pfarrers auf der Kirchenkanzel in Gamstädt.

Würdigung: Löffler-Schule (1892) und Löffler-Denkmal an der Puschkin-Allee, Löffler-Haus (ehm. Freischule).

Lit.: Schneider, G.: Gothaer Gedenkbuch, Gotha 1906; ADB 19 (1884); Herz, H.: Neues zum Lebens- u. Charakterbild Christian Löfflers, in: Festschrift f. E. Barnikol, Berlin 1964.

Ludolf, Hiob

Geboren am: 15. 06. 1624
Geboren in: Erfurt
Gestorben am: 08. 04. 1704
Gestorben in: Frankfurt a.M.

Kammerdirektor, Sprachwissenschaftler
Sohn eines Waidhändlers, schon als Gymnasiast an orientalischen Sprachen interessiert, Jura- und Orientalistikstudium an der Erfurter Universität, 1645 Dr. jur., danach längere Reisen zu den großen Universitäten in Westeuropa, Italien und Skandinavien, in Rom Begegnung mit dem Abt Gregorius aus Abessinien (Äthiopien); seit 1652 im Gothaer Staatsdienst erst als Legationsrat am Reichstag in Regensburg, danach Prinzenerzieher, 1660-1674 Mitglied der Regierung, 1666 Kammerdirektor in Gotha, 1668 Geheimer Rat, 1673 Kammerdirektor in Altenburg, 1681-1689 pfälzischer Kammerdirektor in Heidelberg; als Verfasser von Wörterbuch und Grammatik der äthiopischen und der amharischen Sprache, 1661 bis 1702 in mehreren Auflagen erschienen, Begründer der deutschen Äthiopistik, ausserdem Autor einer zweibändigen „Allgemeinen Schau-Bühne der Welt" (1699-1701), 1690 Präsident des von G. W. Leibniz gegründeten Collegium Imperiale Historicum, 1701 Mitglied der Preussischen Akademie der Wissenschaften; als Universalgelehrter mit Kenntnissen von 25 Sprachen einer der gebildetsten Männer seiner Zeit.

Lit.: Beltz, W.: Hiob Ludolf und die deutsche Äthiopistik, Hallesche Beiträge zur Orientwissenschaft 8 (1986), ADB 19 (1884), NDB (1987).

Ludwig (Ludovicus), Daniel

Geboren am: 05. 10. 1625
Geboren in: Weimar
Gestorben am: 03. 09. 1680
Gestorben in: Gotha

Land- und Hofarzt
Sohn eines Gewürzhändlers mit „Apothekerwaren", Frühbegabung, 1641-1647 Medizinstudium in Jena, unterbrochen von längerer Reise nach Hamburg und Holland, seit 1650 praktischer Arzt in Königsberg (Franken), 1658 von Herzog Ernst dem Frommen zum Landarzt nach Salzungen, 1662 nach Gotha berufen, seit 1666 Erster Leibarzt des Herzogs und Vorstand des Collegium medicum (medizinisches Aufsichtsgremium), Verfasser zahlreicher wissenschaftlicher Drucke über Seuchen und Pharmazie (zum Teil in deutscher Sprache), Auswahlsammlungen noch 1707 und 1720 (französische Ausgabe 1710) erschienen, gilt als „Reformator der Pharmakologie seiner Zeit".

Lit.: Hirsch: Biogr. Ärzte-Lexikon 4 (1886); Roob, H.: Die Ärzte Herzog Ernsts des Frommen, GMH 1994

Ludwig II., der Eiserne

Geboren: um 1128
Geboren in: unbekannt
Gestorben am: 14. 10. 1172
Gestorben: auf der Neuenburg bei Freyburg

Landgraf von Thüringen
Er wurde schon 1140 auf dem Reichstag zu Worms von König Konrad IIII. mit der Landgrafschaft Thüringen belehnt und gehörte damit zum Reichsfürstenstand. Mit einer Halbschwester Kaiser Friedrichs I. Barbarossa vermählt, war er ein energischer Fürst („der Eiserne") beim Ausbau seiner Landesherrschaft durch Neu- und Ausbau von Burgen und Städtegründungen, darunter die Gründung Gothas als Stadt mit der Burg Grimmenstein und der Burg Tenneberg (oberhalb von Walters-

hausen) vor 1168. Auch gegenüber seinen Nachbarn setzte er sich durch (1164 Abbruch der Erfurter Stadtmauern) und war seinem Hauskloster, der Benediktinerabtei Reinhardsbrunn, nicht immer gut gesonnen.

Würdigung: Grabplatte (14. Jahrhundert) in der Georgenkirche Eisenach

Lit.: Beck, A.: Geschichte der Regenten des gothaischen Landes, Gotha 1868; Strickhausen, G.: Burgen der Ludowinger in Thüringen, Hessen und dem Rheinland, Darmstadt und Marburg 1998

Luise Dorothea

Geboren am: 10. 08. 1710
Geboren in: Meiningen
Gestorben am: 22. 10. 1767
Gestorben in: Gotha

Herzogin von Sachsen-Gotha-Altenburg
Tochter Herzogs Ernst Ludwigs I. von Sachsen-Meiningen, verlor im Alter von drei Jahren ihre Mutter und mit 14 ihren Vater, ihre Ausbildung wurde durch die enge Freundschaft mit der Hofdame ihrer Stiefmutter, ihrer Oberhofmeisterin Franziska von Buchwald (s. d.) geprägt, studierte schon in ihrer Jugendzeit die Werke der Philosophen Gottfried Wilhelm von Leibniz und Christian Wolff, wandte sich dann der französischen Aufklärung zu, mit deren führenden Pariser Vertretern sie z. T. in brieflicher Verbindung stand; durch die von Friedrich Melchior von Grimm (s. d.) herausgegebene „Correspondance littéraire" informierte sie sich über das kulturelle Leben in der französischen Hauptstadt. Seit 1729 mit Friedrich III. von Sachsen-Gotha-Altenburg verheiratet, war sie ihm eine kluge Beraterin, nahm an den Sitzungen des Geheimen Rates teil und förderte den Wohlstand des Landes. Im Mai 1753 kam Voltaire auf ihre Einladung zum Besuch an den Gothaer Hof, mit ihm stand sie bis 1766 im Briefwechsel. Im Siebenjährigen Krieg (1756-1763) war Friedrich der Große von Preußen, der die hochgebildete Herzogin sehr schätzte, zweimal während der Kampfhandlungen zu einem Blitzbesuch am Gothaer Hof (1752, 1762) und stand mit ihr in regem Briefwechsel. Der Freizügigkeit der Herzogin ist die Genehmigung für die Gründung der Herrnhuter Kolonie (1745) in Neudietendorf (Krs. Gotha) durch Graf von Zinzendorf, zu verdanken.

Würdigung: Dorotheenstraße
Lit.: Bessenrodt, O.: Der Hof der Herzogin Luise Dorothee in: Gotha und sein Gymnasium, Gotha 1924; von der Osten, J.: Luise Dorothee, Leipzig 1893; ADB 19 (1884); NDB 15 (1987)

Mairich, Hugo

Geboren am: 12. 07. 1863
Geboren in: Weissenfels
Gestorben am: 21. 07. 1902
Gestorben: bei Waltershausen (Autounfall)

Bauingenieur
Erhielt 1873 die Leitung des neuen städtischen Wasserwerkes und begann mit der Kanalisation der Innenstadt, danach 1888 der Hauptmarkt gepflastert und 1890 bis 1893 verschiedene Projekte zu einer Neugestaltung des Schlossberges von ihm erarbeitet, die 1895 zum Abbruch der Bergmühle (1387 urkundlich nachweisbar) und zur Anlage einer Wasserkunst (1995 restauriert) führten, die häufige Verknappung der Trinkwasserversorgung regte ihn zu selbständigen Studien über den Bau einer Talsperre im Thüringer Wald an, nach einem ersten Bericht an den Stadtrat (1897) bewilligte dieser 1899 die Mittel für den Bau des „Stauweihers" am Apfelstädtgrund bei Tambach-Dietharz, Mairich hat als Oberbauleiter der ersten Talsperre Thüringens die Vollendung seines Baues (Einweihung 1906) infolge eines tragischen Unfalls mit seinem Auto nicht mehr erlebt.

Würdigung: Mairichstraße

Lit.: Schneider, G.: Gothaer Gedenkbuch, Gotha 1906, 2. Bd. 1909

Marquardt, Karl Joachim

Geboren am: 19. 04. 1812
Geboren in: Danzig
Gestorben am: 30. 11. 1882
Gestorben in: Gotha

Pädagoge, Altertumsforscher, Bibliotheksdirektor
Sohn eines Kaufmanns, 1823 Besuch des Gymnasiums in Danzig, 1830 Studium der Philosophie und Altphilologie in Berlin, 1833 Staatsexamen mit Auszeichnung. Seit 1834 Gymnasiallehrer in Berlin, 1836-1856 Oberlehrer am Gymnasium in Danzig, promovierte 1840 zum Dr. phil. und wurde im gleichen Jahr Professor, 1856-1859 Gymnasialdirektor in Posen, 1859-1882 Direktor des Gymnasiums Ernestinum in Gotha, vereinigte Gymnasium und Realgymnasium zu einer Einrichtung, 1862 wurde er „Vorstand" der Bibliothek und des Münzkabinetts, erreichte dabei die Erweiterung der Bibliotheksräume und förderte die Katalogarbeiten des Orientalisten W. Pertsch (s. d.). Ab 1848 arbeitete er am ersten „Handbuch der römischen Altertümer", für

Theodor Mommsens 2. Auflage lieferte er 1879 und 1882 als hervorragender Kenner des alten Roms zwei neue Bände. Seit 1860 Mitglied der Akademie der Gemeinnützigen Wissenschaften zu Erfurt und anderer wissenschaftlicher Gesellschaften.

Lit.: Schneider, G.: Gothaer Gedenkbuch, Gotha 1906; Programm Gymnasium Ernestinum, Gotha 1883; ADB 20 (1884); NDB 16 (1990).

Meyer, Joseph

Geboren am: 09. 05. 1796
Geboren in: Gotha
Gestorben am: 27. 06. 1856
Gestorben in: Hildburghausen

Verleger, Lexikograph

Sohn eines Gothaer Schuhmachers, 1810-1813 kaufmännische Lehre in Frankfurt a. M., 1814-1817 Leitung der väterlichen Textilwarenhandlung in Gotha, 1817-1820 Handlungsgehilfe im Exportgeschäft in London, erwirbt dort für das Orientalische Kabinett des Herzogs August seltene Objekte aus Ostindien, 1825-1826 Englischlehrer in Gotha, übersetzte Shakespeare und Walter Scott, gab 1824 ein Korrespondenzblatt für Kaufleute heraus. 1826 erfolgte die Gründung des weltbekannten Bibliographischen Instituts in Gotha, für das er neue Wege des Vertriebs und der Werbung entwickelte, 1828 erfolgte die Verlagerung des Bibliographischen Instituts nach Hildburghausen, danach die Angliederung eines sich rasch ausweitenden technischen Betriebs (Stahlstichanstalt u. kartographisches Institut), 1830 war seine Druckerei schon die sechstgrößte in Deutschland, sein verlegerisches Lebenswerk krönte er mit der Herausgabe eines „Großen Konversations-Lexikons" in 52 Bänden (1839-1855), zahlreiche Beiträge schrieb er dazu selbst; außerdem gab er „Meyers Universum" (17 Bände, 1883-1856) sowie seine „Groschen-Bibliothek" mit Volksausgaben der Klassiker der Weltliteratur heraus; bis 1850 hatte er 25 Millionen Bücher aus seinem Verlag verkauft. Seine liberale, demokratische Einstellung ließ ihn auch zum politischen Publizisten werden; „Der Hausfreund" (1832) wurde schon nach Vorliegen der ersten Nummer verboten, durch sein verlegerisches und journalistisches Eintreten für eine geistige Emanzipation („Bildung macht frei!") wurde er zum geistigen Führer der Demokraten in Sachsen-Meiningen und nahm wegen Preßvergehen die Gefährdung seiner Unternehmen und sogar Inhaftierungen (1848 und 1851) in Kauf.

Würdigung: Joseph-Meyer-Straße, Gedenktafel am Geburtshaus, Querstraße 5
Lit.: Kalhöfer, H.: 125 Jahre Meyers Lexikon, Leipzig 1964; May, K.-H.: Der feurige Geist Joseph Meyer 1796-1856, Hildburghausen 1996; ADB 21 (1885); NDB 17 (1994).

Moßler, Christian Gottfried

Geboren am: 23. 01. 1844
Geboren in: Mühlhausen
Gestorben am: 23. 04. 1927
Gestorben in: Gotha

Fabrikant, Kommunalpolitiker
Betrieb seit 1870 in Gotha eine Töpferei, seit 1882 eine Ofenfabrik, seit 1891 im Ruhestand; 1888-1891 Stadtverordneter, 1891-1922 Mitglied des Stadtrates, zeitweilig auch Senator und Standesbeamter, 1900-1918 Mitglied des Gothaer Landtages; Vorsitzender der Schlachthauskommission, 1876-1909 Vorstandsmitglied und 1916-1922 Vorsitzender des Gesangvereins „Liedertafel" (1837 gegr.) u. a. Vereine wie der Deutschen Friedensgesellschaft; 1925 Ehrenbürger von Gotha.

Würdigung: Moßlerstraße, Ehrenbürger
Lit.: Dankadresse zum 70. Geburtstag, Goth. Tageblatt v. 23.01.1914; Nachruf, ebd. 25. u. 27.04.1927.

Mueller, Ernst Adolf

Geboren am: 04. 08. 1832
Geboren in: Döllstädt (Krs. Gotha)
Gestorben am: 11. 11. 1913
Gestorben in: Gotha

Jurist, Bankdirektor
Sohn eines Pfarrers, nach Gymnasiumsbesuch in Gotha 1851-1853 Jurastudium in Jena, danach Spezial-Kommissär für die Flurzusammenlegung (Separation) im Herzogtum Gotha, 1857 Gründungsmitglied der Gothaer Gewerbe- und Landwirtschaftsbank (heute Volksbank) Gotha, bis 1863 im Vorstand, 1864-1904 im Aufsichtsrat (seit 1877 Vorsitzender) der Bank; 1872 zusammen mit Senator Ehrenfried Freund (s.d.) Gründer des Verschönerungsvereins, der zu seinem 70. Geburtstag den „Mueller-Tempel" (Aussichtspunkt oberhalb der Klinge am Galberg) als Ehrung für seine Verdienste um die Residenzstadt Gotha errichten ließ; Mueller war von 1869-1876 Abgeordneter des Gothaer Landtags, 1878-1881 Reichstagsabgeordneter der liberalen Fortschrittlichen Volkspartei, 1885-1888 Stadtverordneter und bis 1892 Mitglied des Städtischen Schulvorstands für Höhere Lehranstalten, seit 1890 Syndikus (Justitiar) der Gothaer Lebensversicherungsbank; seit 1865 Rechtsanwalt wurde er 1898 Justizrat, 1905 Geheimer Justizrat. In seinem Buch „Der deutsche Bauernstand" (2. Aufl. 1911) berichtet er auch von seinen Erlebnissen und Erfahrungen bei der Flurzusammenlegung.

Lit.: Goth. Tageblatt v. 04.08. 1902 (70. Geburtstag) und 12./13. 11. 1913 (Nachrufe).

Müller, Fritz

Geboren am: 21. 07. 1905
Geboren in: Bärenstein (Erzgeb.)
Gestorben am: 24. 06. 1979
Gestorben in: Gotha

Dirigent, Generalmusikdirektor
Nach Musikstudium in Dresden 1924 Dirigent am Staatstheater Dresden, 1929 Theaterkapellmeister in Saarbrücken, zeitweilig Militärdienst; 1946-1949 Musikdirektor am Stadttheater Cottbus, 1949-1951 Generalmusikdirektor (GMD) am Stadt-(Volks-)Theater Rostock; 1951-1970 als GMD musikalischer Leiter des neugegründeten Landessinfonieorchesters (später Staatliches Sinfonieorchester), dass er zu einem leistungsfähigen Klangkörper entwickelte und der Musik Gothaer Komponisten auch die zeitgenössische Musik (u.a. über 100 Uraufführungen) pflegte, er hat damit das Gothaer Kulturleben entscheidend bereichert und war mit zahlreichen Gastspielen auch außerhalb erfolgreich, dafür hat er 1978 den Kulturpreis der Stadt Gotha erhalten.

Lit.: Ziegner, U.: Vorgeschichte und Gründungsjahre des Staatlichen Sinfonieorchesters Thüringen, Arbeitstagung Thür. Musikgeschichte, Erfurt 1989.

Müller, Johann Heinrich Traugott

Geboren am: 06. 08. 1797
Geboren in: Friedersdorf (Niederlausitz)
Gestorben am: 28. 04. 1862
Gestorben in: Wiesbaden

Mathematiker, Pädagoge
Besuchte das Gymnasium in Sorau (1812 - 1817), danach Studium der Mathematik und Naturwissenschaften an der Universität Leipzig, 1822 Oberlehrer in Naumburg, 1836 bis Ende 1844 Direktor des neuen Realgymnasiums in Gotha, das er vorbildlich aufbaute, wie die Schulprogramme jener Jahre zeigen; er galt als hervorragender Schulmann, als Mathematiker und Naturwissenschaftler setzte er sich für einen guten Unterricht in diesen Fächern ein und schrieb u.a. Lehr- und Schulbücher der Arithmetik, Geometrie und Infinitesimalrechnung; auch nach seinem Weggang 1845 vertrat er die Realschulbildung als Grundlage für gewerbliche und andere praktische Tätigkeiten, die in zunehmendem Maße diese Ausbildung erforderlich machten.

Lit.: Poggendorff III (1898); ADB 22 (1885)

Mutianus Rufus, Conradus (Muth, Konrad)

Geboren am: 15. 10. 1471
Geboren in: Homberg (Hessen)
Gestorben am: 30. 03. 1526
Gestorben in: Gotha

Humanist, Kanonikus
Früh verwaist, Besuch der humanistisch geprägten Gelehrtenschule des Alexander Hegius in Deventer, 1486-1495 Studium in Erfurt (1492 Magister). 1496 Italienreise, Studium der Rechte in Bologna und 1498 Promotion; in Padua und Florenz wandte er sich der Florentiner Schule der Neuplatoniker zu und wurde eine der bedeutendsten Persönlichkeiten des deutschen Humanismus. 1502 kehrte er nach Deutschland zurück, nach kurzer Tätigkeit in der hessischen Landgrafenkanzlei ging er 1503 nach Gotha, wo er 23 Jahre als Kanonikus bei der Marienkirche am Berge lebte, hier wurde er zu einem Treffpunkt der Humanisten der Erfurter Universität, darunter auch Ulrich von Hutten. In seinen 567 Briefen übte er Kritik an Kirche und Priestern und überlieferte darin auch sein Bild vom Leben in Gotha. Sein Briefwechsel wurde 1885 von C. Krause, Kassel und 1890 von E. Gillert, Halle herausgegeben.

Lit.: ADB 23 (1886); Halbauer, F.: Mutianus Rufus und seine geistesgeschichtliche Stellung, Berlin/Leipzig 1929; Schmidt, K.: Humanistenbriefe aus Gotha, RuF 3 (1926) 20; RGG 4 (1960).

Myconius, Friedrich

Geboren am: 26. 12. 1490
Geboren in: Lichtenfels (Franken)
Gestorben am: 07. 04. 1546
Gestorben in: Gotha

Pfarrer und Reformator von Gotha
Franziskanermönch in Weimar, seit 1517 reformatorisch gesonnen, deswegen 1522 in Klosterhaft, Flucht aus dem albertinischen Annaberg in das nahe ernestinische Buchholz, hier als Prediger tätig, im August 1524 als erster evangelischer Pfarrer nach Gotha an die Augustinerkirche (ab 1531 Pfarrkirche) berufen, reformierte hier Kirchen- und Schulwesen (1524 Gründung des Gymnasiums, seit 1294 Lateinschule), 1526 erste Schul- und Kirchenvisitation (Überprüfung) im Amt Tenneberg (Waltershausen), danach als Hofprediger mit dem Kurprinzen Johann Friedrich von Sachsen ins Rheinland zur Trauung mit Sibylle von Cleve, am 2. September eigene Hochzeit mit der Ratsherrentochter Margarethe Jäckin, 1527 dritte Rheinreise mit dem Kurprinzen nach Düsseldorf und Köln; 1528 große Visitation mit Melanchthon in Westthüringen, 1529 erster Superintendent in

Gotha und Teilnahme mit Luther am Marburger Religionsgespräch, 1531-1537 Teilnahme am Schmalkaldischen Konvent protestantischer Fürsten und Reichsstädte, 1538 als theologischer Berater seiner kursächsischen Gesandtschaft fünf Monate in London zu Verhandlungen mit Heinrich VIII. von England, 1539 auf dem Reichstag in Frankfurt/Main, danach auf Wunsch Herzog Heinrichs von Sachsen an der Einführung der Reformation im albertinischen Sachsen (Leipziger Land) beteiligt, 1540 Teilnahme an Religionsgesprächen in Hagenau (Elsaß) und Speyer, danach schwer erkrankt, 1541/42 diktierte er vom Krankenbett aus einem Schreiber seine „Geschichte der Reformation" (zum Teil autobiographisch, die letzten Kapitel über das damalige Gotha); nach der Brandkatastrophe am 31. Oktober 1545 erneut erkrankt, danach Bittbriefe an Freunde und Bekannte zur Unterstützung der Brandgeschädigten, starb nach einem aufopferungsvollen Leben für die Reformation und die Bürger Gothas.

Würdigung: Myconiusplatz, Myconiusschule, Gedächtnistafel in der Augustinerkirche, Myconius-Verdienstmedaille der Stadt Gotha
Lit.: Myconius Fr.: Geschichte der Reformation, Leipzig 1914 (Neudruck Gotha 1990); Ulbrich H.: Friedrich Myconius 1490-1546, ein Lebensbild, Tübingen 1962; ADB 23 (1886); RGG 4 (1960).

Neudecker, Johann Christian Gotthold

Geboren am: 10. 04. 1807
Geboren in: Gotha
Gestorben am: 27. 06. 1866
Gestorben in: Gotha

Pädagoge, Kirchenhistoriker
Sohn eines herzoglichen Feldwebels, Besuch des Gymnasiums in Gotha, 1826-1829 Studium der Theologie, Geschichte und Pädagogik in Jena, danach Hofmeisterstelle in der Familie der Reichsgräfin Hessenstein zu Kassel; in Gotha als Privatgelehrter mit literarischen Werken tätig, 1842 Anstellung als Lehrer an der Bürgerschule, 1843 Konrektor, 1855 zweiter Rektor, 1860-1866 Direktor sämtlicher Bürgerschulen, erwarb sich bei der Entwicklung des städtischen Schulwesens große Verdienste, befaßte sich außerdem mit der Kirchengeschichte, besonders mit der Reformationszeit, zu seinen Veröffentlichungen zählen u. a. „Allgemeines Lexikon der Religions- u. christlichen Kirchengeschichte für alle Konfessionen" (4 Bde., 1834-1835), „Geschichte der deutschen Reformation 1517-1532" (1842), „Lehrbuch der christlichen Dogmengeschichte" (3. Aufl., 1832-1834) und „Georg Spalatins historischer Nachlass und Briefe".

Lit.: Schneider, G.: Gothaer Gedenkbuch, Gotha 1906; ADB 23 (1886).

Neumann, Franz Ritter von (d.Ä.)

Geboren am: 21. 03. 1815
Geboren in: Freudenthal (Schlesien)
Gestorben am: 09. 07. 1888
Gestorben in: Wien

Architekt
Studium an der Akademie der Künste in Wien, trat 1839 in den Dienst Herzog Ernsts II. von Sachsen-Coburg und Gotha, für den er als Innenarchitekt in dessen österreichischen Besitzungen, außerdem für den Wiener Hochadel tätig war, seit 1865 herzoglicher Baurat, wurde mit der Projektierung des heutigen „Museums der Natur" südlich des Schlosses Friedenstein beauftragt (Bauausführung Maurermeister Grimm), die Bauzeit zog sich wegen Unterbrechungen aus Kostengründen (Nachbewilligungen) über Jahre hin (1864-1879), der Gothaer Museumsbau ist einer der bedeutendsten seiner Zeit und nahm die gesamten Kunst- und naturwissenschaftlichen Sammlungen im Schloss auf, 1877 wurde Neumann zum Oberbaurat ernannt und 1881 in den österreichischen Ritterstand erhoben.

Lit.: Zimmermann, W.: Der Bau des Herzoglichen Museums in Gotha 1864-1879, in: Herzog Ernst II. von Sachsen-Coburg und Gotha 1818-1893 und seine Zeit, Coburg/Gotha 1993

Otto-Peters, Luise

Geboren am: 26. 03. 1819
Geboren in: Lichtenfels (Franken)
Gestorben am: 13. 03. 1895
Gestorben in: unbekannt

Frauenrechtlerin, Journalistin
Sie ist keine Gothaerin, aber sie hat sich um Mädchen und Frauen der Residenzstadt verdient gemacht, als Vorsitzende des „Allgemeinen Deutschen Frauenvereins", den sie 1865 gegründet hat, hat sie damals die Gründung einer Fortbildungsschule für junge Mädchen in Gotha maßgeblich gefördert, in der neben Deutsch und Rechnen auch Schneidern und Handarbeiten (Stricken, Häkeln, Sticken), Buchführung unterrichtet wurde; 1888 wurde mit Unterstützung von Luise Otto-Peters für die Erweiterung der Fortbildungsschule das Haus an der Emminghausstraße 2 erworben, so dass hier auch Kochen als Unterrichtsfach praktiziert werden konnte, später kamen noch Stenographie und Maschineschreiben hinzu, damit wurden den Mädchen, die freiwillig die Fortbildungsschule absolvierten, bessere Berufschancen für verschiedene Frauenberufe jener Zeit geboten.

Lit.: Historische Frauenpersönlichkeiten der Stadt Gotha (1), Gotha 1997

Perthes, Charlotte

Geboren am: 09. 10. 1794
Geboren in: Gotha
Gestorben am: 22. 10. 1874
Gestorben in: Gotha

Patriotin
Tochter des Verlagsbuchhändlers und Publizisten Rudolph Zacharias Becker (s.d.), 1811 - 1813 Aufenthalt bei ihrer Schwester in Wien, zusammen mit ihrer Schwester Amalie leitete sie, aus Wien zurückgekehrt, in Gotha eine Frauenvereinigung, die mit Stricken von Socken und Strümpfen, dem Fertigen von Leibbinden, Hemden usw. für Verwundete und erkrankte Soldaten den Kampf gegen Napoleon während der Befreiungskriege 1813/14 tatkräftig unterstützte und von der Gothaer Presse dafür gelobt wurde. Nach ihrer Vermählung siedelte sie wieder nach Wien über, zog aber nach dem Tod ihres Mannes Heinrich Hornbostel (1820) nach Gotha zurück; lernte hier den Verlagsbuchhändler Friedrich Christoph Perthes (s.d.) kennen, mit dem sie sich 1824 vermählte und dessen großen Haushalt sie bis zu seinem Tod (1843) führte, immer wieder von Schicksalsschlägen in ihrer großen Familie betroffen.

Lit.: Perthes, Ch.Th.: Friedrich Perthes Leben, 8. Auflage, Gotha 1896; Friedrich, W.: Perthes-Brevier, Leipzig 1957; Historische Frauenpersönlichkeiten der Stadt Gotha (1), Gotha 1997.

Perthes, Friedrich Christoph

Geboren am: 21. 04. 1772
Geboren in: Rudolstadt
Gestorben am: 18. 05. 1843
Gestorben in: Gotha

Buchhändler und Verleger
Verlor sehr früh den Vater, Besuch des Gymnasiums in Rudolstadt, körperlich schwach entwickelt, aber mit einer überaus lebhaften Phantasie, 1787-1793 Lehre beim Leipziger Buchhändler Adam Friedrich Böhme, 1793 Gehilfe in der Hoffmann'schen Buchhandlung in Hamburg, schloss Bildungslücken im Selbststudium, 1796 in Hamburg die erste deutsche Sortimentsbuchhandlung eröffnet, durch Tüchtigkeit erwarb er sich in kurzer Zeit einen ausgedehnten Kundenkreis, 1805 erstes eigenes Haus, 1805-1814 französische Besatzung in Hamburg, 1810/11 Mitherausgeber des „Vaterländischen Museums" (6 Hefte), die na-

poleonische Zensur störte sein Sortimentsgeschäft, 1813/14 Beteiligung an der Vertreibung der Franzosen aus Hamburg, Flucht vor französischer Gefangennahme und Verlust seines gesamten Besitzes, notdürftige Unterkunft bei Eckernförde, in Mecklenburg weiter an der Befreiung der Hansestädte von der französischen Herrschaft beteiligt, trotz Krankheit für die Herbeischaffung von Geldmitteln zur Linderung der großen Not in Hamburg, gesorgt; nach dem Tode seiner Frau (1822) Übersiedlung nach Gotha, wo zwei seiner Töchter verheiratet waren, hier Neugründung seines Verlages, Vertrieb von Literatur für Geschichte und wissenschaftliche Theologie; 1825 Mitbegründer des Börsenvereins der deutschen Buchhändler (seit 1952 Sitz in Frankfurt a. M.), 1833 setzte er sich auf der Buchhändlerbörse für die Gründung einer Lehranstalt für Buchhändlerlehrlinge und eines Museums der Buchgeschichte ein (beide Anstalten erst nach seinem Tode entstanden), 1834 Ehrenbürger der Stadt Leipzig, 1835 Ritterkreuz des sächsischen Zivilverdienstordens, 1840 Ehrendoktor der Philosophie der Universität Kiel, 1841 Ehrenbürger von Friedrichroda (weil seit 1835 erster Kurgast), gilt als einer der herrausragendsten deutschen Buchhändler des 19. Jahrhunderts.

Würdigung: Friedrich-Perthes-Straße
Lit.: Perthes Cl. Th.: Friedrich Perthes Leben, 8. Aufl., Gotha 1896; Friedrich, W.: Perthes-Brevier, Leipzig 1957, ADB 25 (1887).

Perthes, Johann Georg Justus

Geboren am: 11. 09. 1749
Geboren in: Rudolstadt
Gestorben am: 01. 05. 1816
Gestorben in: Gotha

Verleger, Begründer der Geographischen Anstalt
Sohn eines schwarzburgischen Hof- und Leibarztes, gründete 1778 mit dem Gothaer Verlagsbuchhändler C.W. Ettinger und dem Kaufmann J. Fr. Dürfeld eine „Handlungssocietät"; 1785 erste eigene Verlagsbuchhandlung, erstes Vertriebsobjekt war der vom Verleger J. C. Dieterich übernommene „Gothaische Hofkalender", 1791-1806 Publikation von Fr. Schlichtegrolls „Nekrolog der Deutschen", 1796 landesherrliche Erlaubnis zum „Betriebe einer ordentlichen Verlags- und Sortimentsbuchhandlung", seit 1793 auch geographische Literatur mit den ersten Landkarten, 1806 bis 1813 Stagnation des Handels infolge der napoleonischen Kriege; der Eintritt des Legationsrats und erfahrenen Kartenzeichners A. Stieler wurde zum Wendepunkt: Er begann 1816 den auf 50 Karten anlegten „Hand-Atlas" mit den ersten Kartenblättern von England, Schottland und Irland sowie zum nördlichen Sternenhim-

mel, die Fertigstellung des später nach Stieler genannten Handatlas (erster Abschluß 1823) hat Perthes nicht mehr erlebt. Der „Stieler" (s. d.), mehr noch „der Gotha" (später Hofkalender und die „Genealogischen Taschenbücher" des Adels) haben den Namen von Justus Perthes europaweit bis heute bekannt gemacht; dazu kamen ab 1855 noch die „Mitteilungen aus Perthes' geographischer Anstalt" (s. Petermann, August).

Würdigung: Justus-Perthes-Straße, Justus-Perthes-Schule
Lit.: Gothaer Geographen und Kartographen, Gotha 1985; ADB 25 (1887)

Pertsch, Wilhelm

Geboren am: 19. 04. 1832
Geboren in: Coburg
Gestorben am: 17. 08. 1899
Gestorben in: Gotha

Orientalist, Bibliothekar
Sohn eines Juristen, Besuch des Gymnasiums in Coburg, 1850-1854 Studium der orientalischen Sprachen in Berlin und Tübingen, nach seiner Promotion neunmonatige Studienreise nach Paris, London und Oxford, seit 1855 an der Herzoglichen Bibliothek in Gotha tätig, 1879 Oberbibliothekar und seit 1883 Direktor der Friedensteinischen Sammlungen, 1859-1893 Verfasser eines Kataloges (8 Bände) der orientalischen Handschriften für die Gothaer Bibliothek, von Katalogen der persischen und türkischen Handschriften der Königlichen Bibliothek (Staatsbibliothek) Berlin und andere Arbeiten. Schon seit 1851 Mitglied der Deutschen Morgenländischen Gesellschaft, Teilnahme an internationalen Orientalistenkongressen, 1888 Mitglied der Akademie der Wissenschaften in Berlin, Leipzig und Göttingen, 1890 Mitglied der Wiener Numismatischen Gesellschaft, einer der bedeutendsten Orientalisten seiner Zeit.

Lit.: Roob, H.; Rudolph, E.: Wilhelm Pertsch: 1832-1899, Gotha 1984; ADB 53 (1907); Roob, H.: Wilhelm Pertsch 1832-1899 (Veröff. FB Gotha, H. 38).

Petermann, August

Geboren am: 18. 04. 1822
Geboren in: Bleicherode
Gestorben am: 25. 09. 1878
Gestorben in: Gotha

Kartograph, Geograph
Sohn eines Gerichtsschreibers, nach Besuch des Gymnasiums in Nordhausen 1839-1845 Schüler und später Mitarbeiter von Professor Heinrich Berghaus an der neu gegründeten geographischen Kunstschule in Potsdam, 1843 „Asie centrale" erste selbständige Karte für Alexander von Humboldt, 1845 Übersiedlung nach Edinburgh, Mitarbeit an Berghaus' Physikalischen Atlas bei der schottischen Firma Johnston & Comp., 1847 Studien in London, Gründung einer lithographischen Anstalt, Mitglied der Royal Society, auf Wunsch der Brüder Perthes trat er 1854 in die Firma Justus Perthes in Gotha ein, 1855 gründete er die später nach ihm „Petermanns Geographische Mitteilungen" genannte geographische Zeitschrift, mit der er seinen späteren Weltruhm begründet hat, auf seine Anregung wurden ab 1860 die „Ergänzungs-Hefte" herausgegeben, um größere Arbeiten mit den Berichten und Ergebnissen von Forschungsreisenden veröffentlichen zu können; seit 1863 wandte er sich der Polarforschung zu, organisierte die erste deutsche Nordpol-Expedition 1868 und förderte danach noch sechs weitere Polarexpeditionen, nachdem er schon früher die deutsche Afrikaforschung unterstützt hatte.

Würdigung: August-Petermann-Weg, Gedenkstein im Schlosspark am „Teeschlösschen"
Lit.: Weller, E.: August Petermann, Leipzig 1911; Gothaer Geographen und Kartographen, Gotha 1985; ADB 26 (1888); NDB 8 (1969).

Plänckner, Julius von

Geboren am: 09. 02. 1791
Geboren in: Penig bei Rochlitz
Gestorben am: 16. 03. 1858
Gestorben in: Gotha

Gothaischer Offizier und Kartograph
Sohn eines Superintendenten, auf eigenen Wunsch 1804 als 13jähriger Kadett im Altenburger Infanterie-Regiment, von 1807 bis 1812 als Offizier im napoleonischen Rheinbund-Regiment „Herzöge zu Sachsen" in Tirol, Spanien und Rußland;

1813 mit dem Kreuz der Ehrenlegion ausgezeichnet, 1814/1815 Teilnahme an den Befreiungskriegen mit dem Gothaer Infanterie-Bataillon in Frankreich; danach Studium der Geographie, Kartographie und Vermessungszeichnen, 1830-1832 Projektierung und Bauleitung der Chaussee Gotha-Oberhof-Suhl (B 247, 40 km), Vermessung und Beschreibung des Rennsteigs (167 km langer Höhenweg des Thüringer Waldes) in fünf Tagesmärschen, 1830 Thüringer-Wald-Panorama von der Trügleber Höhe bei Gotha aufgenommen, 1839 das erste Inselsberg-Panorama publiziert; 1832 zum Major, 1842 zum Oberst und Gothaer Regimentskommandeur befördert, 1848 Schlaganfall bei einer Parade in Erfurt, seitdem Invalide; Begründer der neueren Rennsteigforschung.

Würdigung: Plänckners Aussicht am Südhang des Gr. Beerberg (bei Oberhof), Obelisk am Rondell bei Oberhof (Kreuzung B 247/Rennsteig)
Lit.: ADB 53 (1907).

Purgold, Karl

Geboren am: 28. 12. 1850
Geboren in: Gotha
Gestorben am: 25. 06. 1939
Gestorben in: Garbsen bei Hannover

Altphilologe, Archäologe
Abitur am Gymnasium Ernestinum in Gotha (1870), Soldat bis Juli 1871 im Deutsch-Französischen Krieg, danach Studium der Altphilologie und Archäologie in Jena, Berlin und München, 1877 zu weiteren Studien an das Deutsche Archäologische Institut in Rom, von 1878 bis 1885 mit Unterbrechungen Teilnahme an der deutschen Ausgrabung im alten Olympia (Griechenland) zusammen mit Ernst Curtins und Wilhelm Dörpfeld, Erfassung und Erläuterungen der aufgefundenen Inschriften; 1887 als zweiter Direktor an das Gothaer Museum, von 1890 bis 1934 erster Direktor, 1898/99 eineinhalb Jahre am Museum für Kunst und Gewerbe in Hamburg (Studienurlaub), bereicherte die Porzellansammlung durch viele Neuerwerbungen u.a. die umfangreiche Sammlung chinesischen Porzellans des Sinologen (Chinaforschers) Friedrich Hirth (1845 - 1927), erstklassiger Kenner und Sammler geschnittener Steine (Gemmen, Kameen), nur wenige Aufsätze publiziert.

Würdigung: Purgoldweg
Lit.: Lencer-Krußmann, R.: Karl Purgold, RuF 11 (1934) 13.

Rabich, Ernst

Geboren am: 08. 05. 1856
Geboren in: Herda bei Gerstungen (Werra)
Gestorben am: 01. 02. 1933
Gestorben in: Gotha

Musikdirektor, Pädagoge, Komponist, Schriftsteller
Sohn eines Gast- und Landwirts, 1870 - 1877 Ausbildung an den Lehrerseminaren in Eisenach und Gotha, danach Lehrer an der Realschule in Gotha, später Musik- und Gesangslehrer am Lehrerseminar in Gotha, übernahm 1882 - 1921 die musikalische Leitung der „Liedertafel" (Männerchor), des größten Gesangvereins der Residenzstadt, 1884 Gründung und Leitung des Kirchengesangvereins; Komponist zahlreicher Chorwerke und Lieder, gewann Max Reger ab 1908 für die Mitwirkung an drei großen Konzertabenden, Herausgeber der „Blätter für Haus- und Kirchenmusik" (1897 - 1914), später des „Musikalischen Magazins", Autor zahlreicher Beiträge dafür sowie in der Gothaer Heimatbeilage „Rund um den Friedenstein", prägte wie sein Vorgänger Adolf Wanderleb (s.d.) das Konzertleben der Residenzstadt.

Würdigung: Ernst-Rabich-Weg (an der Stadthalle)
Lit.: Popp, M.: Professor Ernst Rabich. Zum 75. Geburtstag, RuF 8 (1931) 10; RuF 10 (1933) 5a; Motschmann, H.: Hundert Jahre Musik in Gotha, MVG 28, Gotha 1938.

Rathgeber, Johann Balthasar Jacob

Geboren am: 14. 04. 1770
Geboren in: Gotha
Gestorben am: 22. 05. 1845
Gestorben in: Gotha

Bildhauer
Ausbildung zum Bildhauer bei Friedrich Wilhelm Doell (s. d.) in Gotha, in Berlin 1788 ein Jahr Meisterschüler bei Johann Gottfried Schadow (1764-1850), seit 1799 in Gotha, Ernennung zum Hofbildhauer, 1824 Professor der bildenden Künste, zahlreiche Bildnisbüsten und Grabmäler geschaffen, u. a. 1806 Büste Herzog Augusts und 1812 Herzog Friedrichs IV., 1811 Otto von Guerickes in der Walhalla bei Regensburg, 1824 das Denkmal im Garten des Prinzenpalais an der Schönen Allee, 1838 Grabmal für seine Gattin; das Löffler-Denkmal (1817), früher im Kreuzgang der Augustinerkirche, jetzt im Garten der Löfflerschule an der Puschkinallee, wird ihm zugeschrieben; außerdem 1836 Restaurator der Antikensammlung im Weimarer Schloss. Von seinen Grabmälern auf den alten Gothaer Friedhöfen II-IV an der Eisenacher Straße ist nach der letzten Beräumung in den 70er Jahren des 20 Jh. nichts erhalten geblieben.

Lit.: Schneider, G.: Gothaer Gedenkbuch, 2. Bd. 1909; TB 28 (1934).

Regel, Eduard August von

Geboren am: 13. 08. 1815
Geboren in: Gotha
Gestorben am: 27. 04. 1892
Gestorben in: St. Petersburg

Botaniker, Pomologe
Sohn eines Gymnasialprofessors in Gotha, verließ 1830 das Gymnasium um Gärtner zu werden, Lehre an der Gothaer Orangerie, 1833 Volontär am Botanischen Garten in Göttingen, 1837 in Bonn, 1839-1842 in Berlin mit ersten Veröffentlichungen, 1842 als Obergärtner an den Botanischen Garten nach Zürich berufen, 1843 Heirat mit Tochter eines Medizinprofessors, Privatdozent und Gründung der „Zeitschrift für Land- und Gartenbau" (1846-1849) und der „Gartenflora" (1852); seit 1855 Direktor am Botanischen Garten in St. Petersburg, züchtete vor allem winterfeste Obstsorten, 1869 Präsident der erfolgreichen Internationalen Gartenbau-Ausstellung in St. Petersburg; schrieb über 1000 Veröffentlichungen, darunter über 60 in russischer Sprache sowie mehrbändige Handbücher; 1858 Mitglied der Akademie der Naturwissenschaften „Leopoldina", Dr. phil. h. c. der Universität Zürich, als kaiserlich-russischer Staatsrat geadelt.

Lit.: Nachruf im Botanischen Centralblatt, Jg. 13, Cassel 1892; Schneider, G.: Gothaer Gedenkbuch, Gotha 1906; ADB 53 (1907).

Reichard, Heinrich August Ottokar

Geboren am: 03. 03. 1751
Geboren in: Gotha
Gestorben am: 17. 10. 1828
Gestorben in: Gotha

Bibliothekar, Theaterschriftsteller
Sohn eines herzoglichen Beamten, Hausunterricht in den alten Sprachen und Französisch, 1767-1771 Jurastudium in Göttingen, Leipzig und Jena, 1772 erste Veröffentlichung von Gedichten bei C. W. Ettinger in Gotha, Freundschaft mit Gotter, Ekhof, Wieland und Ernst II., holte nach Auflösung der Seylerschen Schauspieltruppe in Weimar Conrad Ekhof (s. d.) an das Gothaer Hoftheater, 1775-1800 Herausgeber des „Theater-Kalenders" und 1777-1784 des „Theater-Journal für Deutschland", 1775 Mitglied der Freimaurerloge „Zum Rautenkranz" (ab 1784 „Zum Kompaß"), 1775 Unterbibliothekar und 1780-1804 Bibliothekar der Privatbibliothek Herzog Ernsts II., 1785 herzoglicher Rat, 1801 Kriegsrat, 1814 Kommis-

sär für die Einrichtung des Landsturms, 1818 Geheimer Kriegsrat, 1825 herzoglicher Kriegsdirektor; umfangreiches literarisches Schaffen, u. a. 21 Bände „Bibliothek der Romane", Verfasser der ersten Reisehandbücher „Guide des voyageurs en Europe" (1793, zehn Aufl.) und „Der Passagier auf der Reise in Deutschland" (6. Aufl. 1826), bereicherte das Repertoire des Hoftheaters durch seine Übersetzungen von französischen und italienischen Dramen und Lustspielen, Redakteur des „Gothaer Hofkalenders" (1782-1800), der schon damals Weltruf erlangte.

Lit.: N Nekr D 1828, Ilmenau 1830; ADB 27 (1888); Reichard, H. A. O.: Selbstbiographie, Stuttgart 1877.

Reyher, Andreas

Geboren am: 04. 05. 1601
Geboren in: Heinrichs bei Suhl
Gestorben am: 02. 04. 1673
Gestorben in: Gotha

Pädagoge, Schulreformer
Sohn eines Ratsherren, nach Besuch der Lateinschule in Schleusingen von 1621 - 1625 Studium der Philologie und Theologie in Leipzig, 1627 Magister, 1631 Habilitation, 1632 - 1640 Rektor in Schleusingen, Ende 1640 Berufung durch Herzog Ernst den Frommen nach Gotha zum Rektor des Gymnasiums, reformierte unter den schwierigen Verhältnissen im 30jährigen Krieg und der Nachkriegszeit das Schulwesen auf der Grundlage seines „Schulmethodus" von 1640 als Handbuch für den Unterricht, beeinflußt von der Pädagogik Wolfgang Ratkes und Amos Comenius; dazu hat er zahlreiche Schulbücher für den Unterricht in Latein, Deutsch (Lesen), Arithmetik und den Realien (Einführung in Natur, Geometrie, Staatsaufbau) verfaßt, damit verbunden war die Einführung einer allgemeinen Schulpflicht im Herzogtum Sachsen-Gotha für Jungen und Mädchen, in den Städten und großen Dörfern in besonderen Mädchen-Schulen; 1640 wurde eine Druckerei eingerichtet, deren Leitung 1644 Reyher selber übernahm; das Gymnasium stand damals in hohem Ansehen (1661 höchste Schülerzahl: 724) und war auf das Schulwesen im 17. und 18. Jahrhundert von großem Einfluß.

Würdigung: Reyherstraße, Reyher-Schule
Lit.: Magister Andreas Reyher, Handschriften und Drucke, Gotha 1992 (Veröff. FB, H. 30); Roob, H.: Der Gothaer Schulmethodus-Pädagogik unter Herzog Ernst dem Frommen und Andreas Reyher, GMH Sonderheft 1993; ADB 53 (1907).

Rohrbach, Adolf

Geboren am: 28. 03. 1889
Geboren in: Gotha
Gestorben am: 06. 07. 1939
Gestorben in: Kampen, Sylt

Flugzeugkonstrukteur
Sohn des Gothaer Schuldirektors Carl Rohrbach (s.d.), Monteur auf der Hamburger Schiffswerft Blohm & Voss, dann zur Luftschiffbau GmbH Friedrichshafen (Dornier), später Chefkonstrukteur der „Zeppelin-Flugzeugwerke" Staaken bei Berlin; 1920 Bau eines Großflugzeuges in Ganzmetall-Bauweise, 1922 Gründung seiner Rohrbach-Metall-Flugzeugbau GmbH Berlin für Projektierungen, Montage und Erprobung bei der Zweigfirma in Kostrup bei Kopenhagen, ab 1924 Erweiterung des Flugzeugbaus in Berlin, Aufträge der „Lufthansa" (Langstreckenflugboote), 1926/27 Flugboot „Rocco" für Ostseestreckenverkehr und dreimotoriges Verkehrsflugzeug „Roland" mit mehreren Weltrekordflügen; 1928 auf der Internationalen Luftfahrt-Ausstellung in Berlin vertreten, neben Junkers und Dornier bahnbrechend im Ganzmetall-Flugzeugbau.

Lit.: Poggendorff VII a Suppl., 1971

Rohrbach, Carl

Geboren am: 03. 03. 1861
Geboren in: Gotha
Gestorben am: 02. 09. 1932
Gestorben in: Gotha

Astronom, Pädagoge
Sohn eines Lehrers, 1874-1881 Besuch des Gymnasium Ernestinum, 1881-1884 Studium der Mathematik und Naturwissenschaften in Leipzig, ging trotz eines Angebots als Hochschullehrer in Leipzig nach der Promotion als Lehrer an das Gothaer Gymnasium, 1893 erarbeitete er eine vierstellige Logarithmentafel (9. Aufl. 1929), ab 1899 Direktor der Gothaer Realschule, 1894 gab er eine in jahrelangen privaten Studien erarbeiteten Sammlung von 12 Sternenkarten heraus, 1897-1906 nebenberuflicher Verwalter der vakanten staatlichen Sternwarte Jägerstraße, schuf in dieser Zeit einen Himmelsglobus, zwei Sternenkarten für Stielers Handatlas und veranlasste später den Bau der Sternwarte auf der Arnoldischule, 1904-1905 Bau eines eigenen Observatoriums am Galbergweg („Rohrbachturm"), 1916 wird die Arnoldischule (auf seine Initiative neues Gebäude 1909-1911) unter Rohrbachs Leitung Oberrealschule, 1924 Pensionierung, danach Studien zum Lebenswerk des

Geographen Bernhard Varenius (17. Jh.); 1891 Mitbegründer der Vereinigung von Freunden der Astronomie und kosmischen Physik (V.A.P.), deren Hauptversammlungen er 1894 und 1906 in Gotha organisierte; 1928 Berufung zum Stellvertretenden Vorsitzenden des Aufsichtsrates der Gothaer Lebensbankversicherung (seit 1903 Mitglied des Aufsichtsrates).

Würdigung: Rohrbachstraße, Rohrbachturm (Galbergweg), Grabmal auf dem Hauptfriedhof
Lit.: Escherich, Mark: Villen in Gotha (1), Arnstadt 1998; Poggendorff IV (1904), VI (1938); Kürschner GK 1926, 1931.

Romberg, Andreas

Geboren am: 27. 04. 1767
Geboren in: Vechta in Westfalen
Gestorben am: 10. 11. 1821
Gestorben in: Gotha

Komponist, Kapellmeister, Violinvirtuose
Sohn eines Musikdirektors, vom Vater Violinunterricht erhalten, frühe Konzertauftritte mit Vater und Brüdern schon als 7-jähriger Geiger, später zusammen mit seinem Vetter Bernhard Romberg auf Konzertreisen, 1790 Mitglied der kurfürstlichen Hofkapelle in Bonn, 1793 in Hamburg, 1795-1797 mit Vetter Bernhard auf Konzertreise in Italien, auf der Rückreise in Wien Begegnungen mit Haydn und Beethoven, danach allein nach Paris, 1802-1814 wieder in Hamburg, als Dirigent und Musiklehrer seine beste Zeit, in der er zahlreiche Kompositionen schuf, am bekanntesten sein Chorwerk „Das Lied von der Glocke" (1808 Schillers Gedicht), 1809 Ehrendoktorwürde der Universität Kiel erhalten, nach Gotha berufen wurde er am 12. Januar 1815 Hofkapellmeister, hier gründete er am 6. November 1819 mit 27 Mitgliedern den ersten Gesangverein „Singverein" (gemischter Chor) in Gotha, der bis zum Anschluß an die „Liedertafel" 1875 bestand; die Folgen eines Schlaganfalls haben seine Schaffenskraft und Lebensfreude in den letzten Jahren gelähmt, seine Musikfreunde haben für seine mittellose Witwe mit zehn Kindern am 20. November in Gotha ein Benefizkonzert veranstaltet, dem in Hamburg, Berlin u. a. Städten weitere folgten.

Würdigung: Rombergstraße
Lit.: Schneider, G.: Gothaer Gedenkbuch, Gotha 1906; Motschmann, H.: Hundert Jahre Musik in Gotha; MVG H. 29 (1938); MGG 11 (1963).

Rotberg, Wilhelm Theodor von

Geboren am: 09. 02. 1718
Geboren in: Karlsruhe
Gestorben am: 30. 10. 1795
Gestorben in: Gotha

Gründer der Gothaer
Porzellanmanufaktur
Seit 1747 Hofmeister des Prinzen Ernst von Sachsen-Gotha-Altenburg, 1750 Kammerrat, 1758 Oberhofmeister, 1775 Geheimer Rat und Kammerpräsident; gründete 1757 in Gotha die erste Porzellanmanufaktur in Thüringen mit einem Brennofen und drei Arbeitern, 1767 Verlagerung des Betriebes an die heutige Lindenauallee / Ecke Bergallee, mit der Einstellung von drei qualifizierten Porzellanarbeitern 1772, welche die Gothaer Manufaktur pachteten, wurden bestes Porzellan und von 1782-1802 begehrte Gebrauchs- und Zierservices hergestellt (Spezialität: Tassen mit Silhouettenmalerei); nach dem Tod von Rotberg erhielt seine Witwe ein Privileg (Konzession) zur Weiterführung der Gothaer Porzellanmanufaktur, verkaufte sie aber 1802 an den Erbprinzen von Sachsen-Gotha-Altenburg.

Lit.: Däberitz, U.: Gothaer Porzellan des 18. Jahrhunderts, Gotha 1995; Heß, U.: Geheimer Rat und Kabinett in den ernestinischen Staaten, Weimar 1962.

Rudolph(i), Andreas

Geboren am: 16. 10. 1601
Geboren in: Magdeburg
Gestorben am: 14. 12. 1679
Gestorben in: Gotha

Festungsbaumeister
Sohn eines Baumeisters, 1621 Studium der Mathematik in Helmstedt und Jena, studierte 1623 gemeinsam mit Otto von Guericke in Leyden den Bau holländischer Festungsanlagen, bereiste Frankreich und kehrte 1624 nach Magdeburg zurück, 1630 Belagerung und Eroberung seiner Heimatstadt Magdeburg, verlor seine Eltern und seine jüngste Tochter, geriet in Gefangenschaft, General Tilly wurde jedoch auf ihn aufmerksam und zwang ihn hier zu Festungsarbeiten, 1631 Flucht aus

Magdeburg; 1632 Festungsbaumeister beim schwedischen Verbündeten Herzog Wilhelm von Sachsen-Weimar, 1636 Kammerdiener und nebenamtlicher Bibliothekar Herzog Ernsts des Frommen in Gotha, 1643-1656 Baumeister des Residenzschlosses Friedenstein, dem größten Schlossbau Thüringens im 17. Jh., wegen der vom Herzog aufgezwungenen Änderungen verfasste er 1673 eine „Schutzschrift wegen des Friedensteinschen Schloß- und Festungsbaus". Nach dem verheerenden Gothaer Stadtbrand von 1665 mit der Leitung des Wiederaufbaus beauftragt, 1675-1678 Erneuerung der Augustinerkirche (bis 1531 Klosterkirche).

Lit.: Beck, A.: Ernst der Fromme, Gotha 1865; Storch, L.: Friedenstein. Gedenkbuch, Gotha 1843; Heubach, H.H.: Geschichte des Schloßbaues in Thüringen 1620-1670, Jena 1927; ADB 29 (1889); TB 29 (1935).

Rudolph(i), Friedrich

Geboren am: 15. 06. 1642
Geboren in: Gotha
Gestorben am: 17. 08. 1722
Gestorben in: Gotha

Archivar
Jüngster Sohn des Baumeisters Andreas Rudolph(i) (s. d.), nach Besuch des Gothaer Gymnasiums 1661-1664 Studium der Rechtswissenschaft in Jena, seit 1668 an der Geheimen Kanzlei des Gothaer Hofes angestellt, seit 1681 Kanzleisekretär, seit 1684 Lehns- und Archivsekretär des „Friedensteinschen Archivs", zeitweilig unter Herzog Friedrich II. auch Polizeikommissar. Verfasser von „Gotha diplomatica" (3 Bde, 1717), einer Beschreibung in deutscher Sprache mit Urkundensammlung zur Residenzstadt Gotha, ergänzt von seinem Schwiegersohn Basilius von Gleichenstein mit den Bänden IV und V mit Übersichten und Dokumenten über den Landadel im Herzogtum Gotha.

Lit.: Schmidt-Ewald, W.: Der Gothaer Archivar Friedrich Rudolphi, Thür. Fähnlein Jg. 3, Jena 1934; ADB 29 (1889).

Salzmann, Christian Gotthilf

Geboren am: 01. 06. 1744
Geboren in: Sömmerda
Gestorben am: 31. 10. 1811
Gestorben in: Schnepfenthal

Theologe, Pädagoge, Dichter
Sohn eines Pfarrers, Besuch der Lateinschule in Langensalza, 1761-1764 Studium der Theologie in Jena, 1768-1771 Pfarrer in Rohrborn, 1772 Pfarrer an der Andreaskirche in Erfurt, intensive Seelsorge an notleidenden Menschen, 1780 theolo-

gischer Positionswandel zum Philanthropen, 1781 Berufung als Religionslehrer nach Dessau, 1784 Übersiedlung nach Schnepfenthal, gründete nach eigenen pädagogischen Vorstellungen die berühmte humanistische Erziehungsanstalt in Schnepfenthal, sein Ziel war es durch Aufklärung, Erziehung und Vorbild zur Besserung und Vervollkommnung der Menschen beizutragen. Er plädierte für die kindgerechte Entwicklung und moralische Besserung, Schulung des Verstandes, Pflege des Gemüts, Kennenlernen von Natur und Heimat und turnerische Übungen (Guts Muth), das Motto der Schnepfenthaler Erziehungsanstalt („D. D. H." steht noch heute über der Tür) lautete Denken, Dulden, Handeln, schrieb auch volkserzieherisch motivierte Romane und Erzählungen, Vater von 15 Kindern.

Würdigung: Salzmannstraße, Salzmann-Schule in Schnepfenthal
Lit.: Bolz, R.: Gothaer Museumsheft 1984; Biographisch-Bibliographisches Kirchenlexikon, Verlag Traugott Bautz 1999.

Samwer, Karl

Geboren am: 17. 04. 1861
Geboren in: Gotha
Gestorben am: 06. 02. 1946
Gestorben in: Gotha

Jurist, Bankdirektor
Sohn des Geheimrats K. Fr. L. Samwer (1819-1882), 1880-1883 Studium der Rechtswissenschaft in Leipzig und Berlin, danach an preußischen Gerichten in Wandsbek und Kiel tätig, seit 1891 an der Gothaer Lebensversicherungsbank tätig (bis 1930), 1895 Direktor, 1903 Generaldirektor; 1890-1919 Stadtverordneter, seit 1907 Stadtverordneten-Vorsteher, Armenpfleger und Mitglied des Schulvorstandes, Verfasser zahlreicher Aufsätze in Fachzeitschriften sowie der Festschrift zum 100. Jahrestag der Gründung der Gothaer Lebensversicherungsgesellschaft durch E.W. Arnoldi (s. d.), 1931 Ehrenbürger der Stadt Gotha.

Würdigung: Ehrenbürger, „Karl-Samwer-Haus" (Bildungs- und Erholungsstätte in Tabarz / Krs. Gotha)
Lit.: Wenzel, M.: Gothas Ehrenbürger, Gotha (1993-1994).

Schade, Johann Gottfried

Geboren am: 24. 07. 1756
Geboren in: Luckau (Lausitz)
Gestorben am: 22. 07. 1828
Gestorben in: Gotha

Kammermusiker, Stadtkantor
Er war 1774 Militärmusiker in einem holländischen Regiment und kam von dort 1776 nach Gotha, seit 1778 Kammermusiker (Flötist) in der herzoglichen Hofkapelle auf Schloss Friedenstein, 1804 Ernennung zum Stadtkantor an der Margarethenkirche, wo er Ende September 1812 zusammen mit Hofkapellmeister Louis Spohr (s. d.) das erste Gothaer Musikfest unter Beteiligung von Carl Maria von Weber (Pianist), Dorette Spohr (Harfe), Susanne Scheidler (Sopran), Kammersänger Albert Methfessel aus Rudolstadt und Simon Hermstedt (Klarinette) aus Sondershausen veranstaltet hat; schon 1801 hatte Schade in Gotha eine Aufführung des Oratoriums „Die Schöpfung" von Joseph Haydn mit 70 Mitwirkenden geleitet.

Lit.: Kirchner, R.: Stadtkantor und Kammermusiker Johann Gottfried Schade, RuF 5 (1928) 16; Gresky, W.: Das Stammbuch des Gothaer Stadtkantors Johann Gottfried Schade, Kultur u. Geschichte Thür., Mainz 6 (1985).

Schäfer, Karl Friedrich August

Geboren am: 29. 01. 1796
Geboren in: Gotha
Gestorben am: 17. 08. 1880
Gestorben in: Gotha

Postmeister, Wohltäter
Besitzer der Posthalterei im Gasthof „Zum Mohren" mit über 100 Pferden, Fürstlich Thurn und Taxis`scher Poststallmeister, seine Eilwagen führten nach Frankfurt, Leipzig, Göttingen und Coburg, 1866 Rückzug aus dem Geschäft und Stiftung von 500.000 Mark für ein Asyl für „alte, arme, arbeitsunfähige" Männer der Stadt Gotha (Schäferstiftung), Bau des Schäfer-Stifts 1884, später in städtischer Verwaltung übernommen; 1928-1995 Schulhaus.

Würdigung: Schäferstraße
Lit.: Schneider, G.: Gothaer Gedenkbuch, Gotha 1906

Scheidler, Karl Hermann

Geboren am: 08. 01. 1795
Geboren in: Gotha
Gestorben am: 22. 10. 1866
Gestorben in: Jena

Jurist, Mitbegründer der Burschenschaft
Sohn des herzoglichen Kammermusikers Johann David Scheidler und Bruder der Harfenistin Dorette Spohr geb. Scheidler, 1805 - 1813 Besuch des Gothaer Gymnasiums, 1813/14 Freiwilliger der Freiheitskriege, danach Studium der Rechtswissenschaft in Jena, 1816 in Berlin; gehörte zu den elf „allerersten" Stiftern der Jenaer Burschenschaft, führender Teilnehmer am Wartburgfest der deutschen Studenten am 17./18. Oktober 1817; 1818 am Oberlandesgericht Naumburg / Saale tätig, nach Habilitation (1821) seit 1826 Professor für Rechts- und Staatswissenschaften in Jena, trat publizistisch besonders in den 40er Jahren und 1848 für Reformen der Universität und des Studentenlebens gegen Kastengeist sowie für ein neues deutsches Gesetzbuch ein (119 Veröffentlichungen), am Sockel des Burschenschaftsdenkmals vor der Friedrich-Schiller-Univeristät in Jena sein Porträt (Medaillonguß).

Lit.: Schneider, G.: Gothaer Gedenkbuch, Gotha 1906; Steiner, O.: K.H. Scheidler, ein vergessener Gothaer, RuF 15 (1938) 5.

Schlichtegroll, Adolf Heinrich Friedrich von

Geboren am: 08. 12. 1765
Geboren in: Waltershausen
Gestorben am: 04. 12. 1822
Gestorben in: München

Bibliothekar, Historiker, Numismatiker
Sohn eines Hofrates, 1779-1783 Besuch des Gothaer Gymnasiums, danach zum Jurastudium nach Jena, Wechsel zur Theologie und Philologie in Göttingen bei Heyne, 1787 Gymnasiallehrer für Latein, Deutsch und Hebräisch in Gotha, 1788 Akzessist an der herzoglichen Bibliothek in Gotha, 1799-1807 Numismatiker am Münzkabinett, seit 1802 feste Anstellung als Bibliothekar, seit 1791 erschien bis 1800 bei Justus Perthes in Gotha sein jährlicher „Nekrolog (Nachruf) der Deutschen", in dessen zweiten Band er 1793 die erste Mozart-Biographie veröffentlichte (bis 1828 grundlegend), 1800 verließ er den Schuldienst, bis zu seinem Weggang nach München in Bibliothek und Münzkabinett tätig; 1807 zum Generalsekretär der Bayerischen Akademie der Wissenschaf-

ten berufen, war tatkräftig und erfolgreich für die Förderung der wissenschaftlichen Sammlungen und Institute tätig, 1808 dafür von König Maximilian I. Joseph geadelt, 1812 Mitglied der Akademie der Wissenschaften in Berlin.

Lit.: Weiller, C.v.: Zum Andenken an A. H. Fr. von Schlichtegroll, München 1823; Schneider, G.: Gothaer Gedenkbuch, Gotha 1906; N Nekr D I (1828); ADB 31 (1890)

Schlotheim, Ernst Friedrich von

Geboren am: 02. 04. 1764
Geboren in: Allmenhausen bei Sondershausen
Gestorben am: 28. 03. 1832
Gestorben in: Gotha

Geologe, Paläontologe, Staatsmann
1782-1784 Jurastudium, dann Studium der Naturwissenschaften in Göttingen bei dem berühmten Naturforscher und Mediziner J. Fr. Blumenbach (s. d.), besuchte 1791-1792 Vorlesungen über Bergbautechnik und Eisenverhüttung an der Bergakademie Freiberg (Sachsen), 1792 unternahm er eine Studienreise zu Fuß in den Harz, trat danach in den gothaischen Staatsdienst, wurde 1817 Kammerpräsident und 1818 Geheimer Rat, 1822 erhielt er die Oberaufsicht über die Kunst- und wissenschaftlichen Sammlungen im Schloss Friedenstein sowie über das Berg- und Hüttenwesen (Friedrichroda, Manebach, Luisenthal) und die Oberpostinspektion, 1828 Mitglied des herzoglichen Ministeriums als Oberhofmarschall; als Geologe hatte er sich eine geographisch geordnete Mineraliensammlung sowie eine Meteoritensammlung angelegt (beide im Museum der Natur zu Gotha); von 1787-1832 hat er über 20 Veröffentlichungen sowohl über Gesteine als auch über Pflanzenversteinerungen geschrieben und stand mit vielen namhaften Naturwissenschaftlern in Verbindung, u.a. mit A. v. Humboldt, L. v. Buch, mit seinem Kollegen K. E. A. von Hoff (s. d.) arbeitete er in geologischen Fragen eng zusammen. Mit seinem Hauptwerk „Die Petrefaktenkunde auf ihrem jetzigen Standpunkt" (Gotha 1820), zu dem 1822 und 1823 Nachträge erschienen, gilt er als Begründer der modernen Paläobotanik, für die er exakte Arbeitsmethoden eingeführt hat; 1823 Mitglied der Akademie der Naturwissenschaften „Leopoldina", 1827 Ehrenmitglied der Preußischen Akademie der Wissenschaften zu Berlin.

Lit.: Abh. Ber. Mus. Natur [16], Gotha 1982; Poggendorff VII a Suppl. (1971).

Schmidt, Adolf

Geboren am: 23. 07. 1860
Geboren in: Breslau
Gestorben am: 17. 10. 1944
Gestorben in: Gotha

Geophysiker
Sohn eines Maschinenbau-Ingenieurs, 1873-1878 Besuch des Realgymnasiums in Breslau, 1878-1882 Studium der Mathematik, Physik, Philosophie und der neueren Sprachen an der Universität in Breslau, 1882 Promotion, 1882-1884 Hilfslehrer in Breslau, seit 1884 Lehrer am Gymnasium Ernestinum in Gotha, 1893 Oberlehrer, 1898 Professor; beteiligte sich schon als Student an der Auswertung geomagnetischer Beobachtungen im ersten Internationalen Polarjahr 1882, in Gotha Unterstützung durch den Redakteur von „Petermanns Geographischen Mitteilungen" Alexander Supan (1847-1920), 1898 Teilnahme am internationalen Kongress über erdmagnetische Forschungen in Bristol (Großbritannien), deswegen Ernennung zum Professor, erhielt danach von der Preußischen Akademie der Wissenschaften in Berlin 2.500 Mark Forschungsmittel, 1902 Berufung nach Potsdam zum Vorsteher des Magnetischen Observatoriums (1889 gegr.), 1909 Professor für Geophysik an der Berliner Universität, Ernennung zum Geheimen Regierungsrat, Veröffentlichung von über 200 wissenschaftlichen Arbeiten; wegen Elektrifizierung der Berliner Stadt- und Vorortbahnen auf seine Anregung 1928-1930 Verlegung des Observatoriums nach Niemegk (bei Betzig, Fläming), nach ihm benannt; neben seinen wissenschaftlichen Forschungen war er seit 1898 Mitglied der Esperantogesellschaft, als Gründer der Gothaer Ortsgruppe der Deutschen Friedensgesellschaft 1896 maßgeblich an deren Arbeit beteiligt, als Mitglied der Mittwochsgesellschaft hat er bis zu seinem Weggang 21 populärwissenschaftliche Vorträge (Geophysik, Esperanto) gehalten, 1928 Rückkehr nach Gotha in den Ruhestand, Mitglied der Akademie der Wissenschaften in Berlin, Göttingen und Oslo, gilt als einer der Begründer der modernen geomagnetischen Forschung.

Würdigung: Adolf-Schmidt-Straße, Gedenktafel am Gymnasium Ernestinum, Bergallee
Lit.: Poggendorff V (1926); 6 (1940); Schneider, G.: Gothaer Gedenkbuch 2. Bd. Leipzig, 1909; Roob, H., Schmidt, P.: Adolf Schmidt 1860 - 1944, Gotha 1985 (Veröff. FLB Gotha, H. 24)

Schmidt, Friedrich Christian

Geboren am: 05. 05. 1755
Geboren in: Gotha
Gestorben am: 26. 12. 1830
Gestorben in: Gotha

Jurist, Conchyliensammler
Jurastudium 1773 in Leipzig, nach einer Augenerkrankung in Jena (1774-1776) fortgesetzt, dazu Studien in Mathematik, Physik und Naturgeschichte, seit 1778 in der Kammer- (Finanz-)verwaltung in Gotha, zuletzt Kammerkommissionsrat, daneben passionierter Conchyliensammler (Gehäuse von Weichtieren wie Schnecken), seine großen Erfahrungen legte er in seinem „Versuch über die beste Einrichtung zur Aufstellung, Behandlung und Aufbewahrung der verschiedenen Naturkörper und Gegenstände der Kunst, vorzüglich der Conchylien-Sammlungen" (1818 bei Justus Perthes, Gotha) nieder. 1800-1830 sammelte, ordnete und katalogisierte er über 17.000 Exponate, Alexander von Humboldt empfahl nach einer Besichtigung im Dezember 1826 Herzog Ernst I. von Sachsen-Coburg und Gotha den Ankauf der wertvollen Sammlung, 1830 wurde sie dem Herzoglichen Naturalienkabinett eingegliedert, ihre Aufzählung, Beschreibung und beigefügten Bemerkungen füllten 12 dicke, handgeschriebene Katalogbände (1820-1830); mit seiner heute im Museum der Natur in Gotha aufbewahrten Sammlung sowie mit seinen Schriften hat er ein bleibendes Denkmal in der naturgeschichtlichen Forschung hinterlassen.

Lit.: ADB 36 (1893)

Schmidt, Karl

Geboren am: 07. 07. 1819
Geboren in: Osternienburg (Anhalt)
Gestorben am: 08. 11. 1864
Gestorben in: Gotha

Pädagoge, Schulreformer
1834 Gymnasium in Köthen, 1841 Theologiestudium in Halle, auch Studium der Philosophie (Hegelianer), 1844 in Berlin bei Schleiermacher, 1846 - 1850 Pfarrer, bis 1863 Lehrer am Gymnasium in Köthen; dann zum Schulrat und Direktor des Lehrerseminars nach Gotha berufen, schon 1860 neuen Lehrplan für die Volksschulen im Herzogtum Gotha vorgelegt, wesentlicher Anteil am Zustandekommen des Gothaer Volksschulgesetzes vom 1. Juli 1863 als erstes in Deutschland, wegen seiner Bestrebungen um Verbesserung der Lehrerbildung „anthropologischer Pädagoge" genannt, Verfasser zahlreicher pädagogischen Schriften und Bücher.

Lit.: Schneider, G.: Gothaer Gedenkbuch, Gotha 1906; Schmidt, K.: Geschichte der Volksschule und des Lehrerseminars im Herzogtum Gotha, Köthen 1863; ADB 31 (1890).

Schneider, Gottlob Friedrich Edmund

Geboren am: 09. 05. 1835
Geboren in: Gotha
Gestorben am: 23. 04. 1912
Gestorben in: Gotha

Schriftsteller und Versicherungsdirektor
Sohn eines Webermeisters, 1848 - 1856 Besuch des Gymnasiums Ernestinum, danach in Jena Jurastudium, drei Jahre Praktikant beim Oberpostkommissariat in Eisenach, seit 1863 an der Gothaer Lebensversicherungsbank tätig, 1880 - 1893 einer der Direktoren, seitdem Privatmann, ab 1905 Pensionär, schrieb verschiedene heimatkundliche Veröffentlichungen, u.a. Gothaer Wegweiser (2. Auflage 1900), am bekanntesten sein Gothaer Gedenkbuch (3. Auflage 1906; 2. Bd. 2. Auflage 1909).

Lit.: Brümmer, Fr.: Lexikon der deutschen Dichter, 6. Auflage, 6. Bd. Leipzig (1913).

Schneider, Heinrich Justus

Geboren am: 20. 07. 1811
Geboren in: Coburg
Gestorben am: 26. 07. 1884
Gestorben in: Gotha

Historien- und Porträtmaler, Buchillustrator
Als Sohn armer Eltern nach zeitweiligem Besuch des Gymnasiums mit 16 Jahren Lehre und Arbeit in einer Porzellanfabrik, 1833 mit Stipendium an die Münchner Akademie der Künste, Arbeiten für Schloss Hohenschwangau, durch Vermittlung Herzog Ernsts I. von Sachsen-Gotha und Coburg 1838 zum Studium der niederländisch-flämischen Malerei nach Antwerpen, 1839-1841 Arbeiten auf der Veste Coburg, danach in München und Rom (1843-1845), Aufträge für die Höfe in London, Brüssel und Gotha, wohin er 1848 kam und Vorstand der Kunstsammlungen im Schloss wurde, 1849 Ernennung zum Professor, 1879 zum Hofrat, nutzte seine ausländischen Beziehungen für Erwerbungen für die Gothaer Sammlungen und Gewinnung von Aufträgen, außerdem lieferte er neben seiner Historien- und Porträtmalerei auch Buchillustrationen für die Perthes-Verlage.

Lit.: Schneider, G.: Gothaer Gedenkbuch, Gotha 1906; Helbing, K., Laue, A.: Bildhauer und Maler in Gotha 1640 bis 1918, URANIA Gotha 1999; ADB 32 (1891); TB 30 (1936).

Schneyer, Bertha

Geboren am: 08. 09. 1830
Geboren in: Gotha
Gestorben am: 08. 03. 1912
Gestorben in: Gotha

Wohltäterin
Tochter des Kaufmanns Carl Wilhelm Trebsdorf (1794-1855), verlor schon sehr früh ihre Mutter, 1857 Heirat des Kaufmanns Friedrich Wilhelm Schneyer (1829-1886), Inhaber einer Materialwarenhandlung am Hauptmarkt 45; als Witwe widmete sie sich der gemeinnützigen Tätigkeit, 1886-1902 besonders im Frauenfortbildungsverein, 1908 stiftete sie der Stadt Gotha das Hausgrundstück Bürgeraue 4, in ihrem Testament hinterließ sie der Stadt Gotha 16.000 Mark für gemeinnützige Zwecke.

Würdigung: Berta-Schneyer-Straße
Lit.: Historische Frauenpersönlichkeiten der Stadt Gotha (1), Gotha 1997.

Schwarz, Karl

Geboren am: 19. 11. 1812
Geboren in: Wiek auf Rügen
Gestorben am: 25. 03. 1885
Gestorben in: Gotha

Theologe, Generalsuperintendent
Sohn eines Pfarrers, nach Besuch des Gymnasiums in Greifswald (1826-1830) Studium der Theologie in Halle, Bonn und Berlin, Mitglied der Burschenschaft, 1842-1849 Privatdozent, 1848 Abgeordneter des Frankfurter Parlaments, 1849 a.o. Professor in Halle, nachdem er 1847 mit seinem Buch „Zur Geschichte der neuesten Theologie" bekannt geworden war, dadurch 1856 Berufung durch Herzog Ernst II. von Sachsen-Coburg und Gotha zum Oberkonsistorialrat und Hofprediger nach Gotha, 1877 zum Generalsuperintendenten, beliebter Kanzelredner, seine acht Bände „Predigten aus der Gegenwart" (mehrere Auflagen), erregten wegen ihrer liberalen Auffassung großes Aufsehen; 1856 hat er den Protestantenverein mitgegründet; er war der erste protestantische Geistliche, der hier feuerbestattet wurde.

Würdigung: Karl-Schwarz-Straße
Lit.: Rudloff, G.: D. Carl Schwarz, Lebensskizze, Gotha 1887; Schneider, G.: Gothaer Gedenkbuch, Gotha 1906; ADB 33 (1891).

Schweitzer, Anton

Geboren: 06. 06. 1735 (getauft)
Geboren in: Coburg
Gestorben am: 23. 11. 1787
Gestorben in: Gotha

Komponist, Cellist, Kapellmeister
Sohn eines Tuchmachers und Pagenaufseher, war 1745-1769 Kammermusiker an der Hofkapelle in Hildburghausen, 1758 für ein Jahr an den markgräflichen Hof in Bayreuth gesandt, danach auf Kosten des Hildburghäuser Herzogs zur weiteren Vervollkommnung auf Italienreise gegangen; seit 1769 Kapellmeister der Seylerschen Schauspieltruppe in Weimar, hier Uraufführung seiner erfolgreichen Oper „Alceste" (Text: Chr. M. Wieland), später in Gotha (Neuinszenierung am Ekhoftheater 1999) Mannheim und München aufgeführt; ging 1775 als zweiter Kapellmeister (nach Weggang von Georg Benda) mit Pensionsberechtigung an das Hoftheater in Gotha, das mit seiner Komposition „Fest der Thalia" neueröffnet wurde, auch nach Conrad Ekhofs Tod 1778 (s.d.) und dem Weggang seiner Schauspieler blieb Schweitzer weiterhin Leiter der Gothaer Hofkapelle; seine Musik war von den italienischen Opern geprägt, die er auf seiner Italienreise kennengelernt hatte.

Lit.: MGG 12 (1965)

Seckendorff, Veit Ludwig von

Geboren am: 20. 12. 1626
Geboren in: Herzogenaurach (Oberfranken)
Gestorben am: 26. 12. 1692
Gestorben in: Meuselwitz

Staatsmann, Historiker
Sohn eines Offiziers, Schüler des Gothaer Gymnasiums, 1642-1645 Studium (Jura, Geschichte) in Straßburg, 1646 Hofjunker und Organisator der herzoglichen Bibliothek Herzog Ernsts des Frommen, von ihm gefördert, 1651-1664 Rat und Mitglied der Regierung, 1664 Kanzler, danach Kanzler des Herzogs Moritz von S.-Zeitz, seit 1677 in Meuselwitz, 1680-1692 Obersteuerdirektor in Altenburg, 1691/92 erster Kanzler der neugegründeten Universität Halle / S.; berühmt durch seine Werke „Der Teutsche Fürstenstaat" (1656, 8. Auflage Jena 1720) als staatstheoretisches Lehrbuch, „Der Christenstaat" (1685), „Teutsche Reden" (1686) und den reformationsgeschichtlichen „Commen-

tarius historicus et apologeticus de Lutheranismo" (1692, dt. „Ausführliche Historie des Luthertums") 1714 unter Benutzung umfangreicher archivarischer Quellen geschrieben; außerdem verfaßte er einige Schulbücher sowie zahlreiche Beiträge für die „Acta eruditorum" (Gelehrten-Berichte, Leipzig 1682 ff.), Seckendorff war eine herausragende Persönlichkeit des deutschen Barocks.

Lit.: Beck, A.: Ernst der Fromme, Weimar 1865; Rechter, G.: Veit Ludwig von Seckendorff-Gutend (1626-1692), in Fränk. Lebensbilder, Neustadt / Aisch 12 (1986); ADB 33 (1891); RGG 5 (1961).

Seebach, Camillo Richard Freiherr von

Geboren am: 09. 07. 1808
Geboren in: Donndorf / Thüringen
Gestorben am: 03. 03. 1894
Gestorben in: Gotha

Jurist, Staatsminister
Sohn eines sächsischen Husarenoffiziers, nach Besuch der Fürstenschule Grimma (1820 - 1826) Jurastudium in Leipzig und Göttingen, seit 1829 im sächsischen Staatsdienst, seit 1837 am Appellationsgericht in Dresden; 1849 zum Coburg-Gothaischen Staatsminister berufen, musste er wegen der Domänenfrage die 49er Verfassung durch das Staatsgrundgesetz von 1852 revidieren lassen; im Bestreben, die Herzogtümer Coburg und Gotha weitgehend zu vereinigen, entstand 1852 neben dem Coburger und Gothaer Landtag ein gemeinschaftlicher Landtag für beide Landesteile und ein Ministerialorganisationsgesetz, welches das Staatsministerium in zwei Abteilungen in Gotha und Coburg gliederte, erneute Vereinigungspläne von Herzog und Minister im Jahre 1857 scheiterten an der Ablehnung des Coburger Landtages; im Auftrag Herzog Ernsts II. die Militärkonvention mit Preußen (1861) als Grundlage für die propreußische Politik des Herzogs in den Kriegen gegen Hannover und Österreich (1866) und Frankreich (1870/71) verhandelt, förderte den Erlaß des Gewerbegesetzes sowie des ersten deutschen Volksschulgesetzes (beide 1863) und wurde von Bismarck sehr geschätzt; 1888 in den Ruhestand, 1893 Dr.h.c. der Universität Jena und Ehrenbürger von Gotha.

Würdigung: Seebachstraße, Ehrenbürger
Lit.: Heß, U.: Das S.-Coburg und Gothaische Staatministerium 1858 - 1918; Jahrbuch Coburger Landesstiftung 7 (1962); ADB 54 (1908)

Specht, Karl August

Geboren am: 02. 07. 1845
Geboren in: Schweina bei Bad Liebenstein
Gestorben am: 22. 06. 1909
Gestorben in: Gotha

Redakteur, Schriftsteller
Erlernte den Tischlerberuf und studierte später bei dem Hegelianer Kuno Fischer in Jena neuere Philosophie, außerdem Geschichte und Naturgeschichte, danach Vortragsreisender und Publizist, zeitweilig Sekretär bei dem Schriftsteller und Publizisten Gustav Freytag (1816-1895), fast vier Jahrzehnte beliebter Redakteur und kluger Theaterkritiker am „Gothaischen Tageblatt" (seit 1871); gründete 1881 zusammen mit dem Arzt und Philosophen Dr. Ludwig Büchner (1824-1899) den „Deutschen Freidenkerbund" und redigierte dessen Zeitschriften; außerdem hat er eine Reihe heiterer und ernster Theaterstücke verfasst, darunter die 1904 mit „durchschlagendem Erfolg" uraufgeführte Komödie „Der Zeitungsschreiber", ließ sich als Atheist in Gotha feuerbestatten.

Lit.: Schneider, G.: Gothaer Gedenkbuch, 2. Bd., Leipzig 1909; Goth. Tageblatt Nr. 144 v. 23.06. 1909 (Nachruf); Wer ist's?, Leipzig 1909.

Spohr, Louis

Geboren am: 05. 04. 1784
Geboren in: Braunschweig
Gestorben am: 22. 10. 1859
Gestorben in: Kassel

Komponist, Violinvirtuose und Dirigent
Sohn eines Arztes, durch Hausmusikpflege im Elternhaus als frühbegabter 15jähriger Geiger in der Braunschweiger Hofkapelle (1799), später Studienreise nach Rußland, seine erste eigene Konzertreise (1804) bringt ihm Ruhm und den Ruf nach Gotha ein: Am 1. Oktober 1805 Dienstantritt als Konzertmeister der Hofkapelle, am 2. Februar 1806 Heirat mit der Gothaer Harfenistin Dorette Scheidler (1787-1834), die mit ihm auf Konzertreisen ging und für die er zahlreiche Kompositionen für Harfe geschrieben hat; zusammen mit dem Stadtkantor Bischof in Bad Frankenhausen hatte er 1810 und 1811 die ersten deutschen Musikfeste geleitet, im September 1812 mit Kantor Schade (s. d.) das dritte Musikfest in der Gothaer Margarethenkirche, über das C. M. v. Weber (Pseud. Melos) im Weimarer „Journal des Luxus und der Moden" ausführlich berichtet hat (weitgehend unbe-

kannt); in Gotha u. a. sein 5. und 6. Violinkonzert und ein Konzert für zwei Violinen entstanden; nach einer längeren Konzertreise verließ er Gotha und ging als Kapellmeister 1813 an das Theater an der Wien, 1822 nach Kassel; neben seinen über 200 Kompositionen ist er durch sein virtuoses Violinspiel als „größter Lyriker der Geige" berühmt geworden.

Würdigung: Spohrstraße, Musikschule „Louis Spohr"
Lit.: Spohr, L.: Selbstbiographie, Kassel, Göttingen 1860/61 (Neudruck: Kassel 1954/55); Spohr, L.: Briefwechsel mit seiner Frau Dorette, Kassel 1957; ADB 35/18; MGG 12 (1965)

Stein, Dietrich Karl August Freiherr von

Geboren am: 14. 05. 1793
Geboren in: Weimar
Gestorben am: 03. 12. 1867
Gestorben in: Meiningen

Staatsminister
Sohn des Weimarer Kammerherrn und Oberforstmeister Wilhelm von Stein (Angehöriger der fränkisch-südthüringischen Reichsritterschaft), 1808-1812 Ausbildung als Forstwirt, 1813 beim Lützower Freikorps, 1814 Leutnant bei den Würzburger Jägern, 1818-1824 Deputierter im ständischen Landtag von S.-Hildburghausen, danach Geheimer Rat in Meiningen, wirtschaftspolitisch Anschluß an den Mitteldeutschen Handelsverein (Kassel 1828) gefördert, dann in Völkershausen (Rhön) Gutsherr und Verwalter seines Besitzes; 1835-1846 Geheimer Rat und Obersteuerdirektor in Sachsen-Coburg und Gotha, reformierte die Staats- und Landesverwaltung im Herzogtum Gotha, arbeitete als Staatsminister von Sachsen-Coburg und Gotha (1846-1849) die Regierungsvorlage für die liberale Gothaer Verfassung von 1949 aus und vertrat das Land in der deutschen Frage auf Ministerkonferenzen (Mediatisierung oder Zusammenschluß), wegen unterschiedlicher Auffassungen mit dem Gothaer Herzog Ende 1849 aus dem Staatsdienst geschieden, hat „als einer der ganz wenigen Minister in Deutschland die Revolutionszeit in seiner Stellung durchgehalten" und „das Herzogtum Gotha vom mittelalterlichen Feudalstaat zum modernen Verfassungsstaat hinübergeleitet" (H. Körner).

Lit.: Körner, H.: Dietrich Freiherr von Stein, Jahrb. Coburger Landesstiftung 5 (1960); Hess, Ulrich: Geheimer Rat und Kabinett in den ernestinischen Staaten Thüringens, Weimar 1962.

Sterzing, Gotthilf Albert

Geboren am: 22. 02. 1822
Geboren in: Zella St. Blasü (Zella-Mehlis)
Gestorben am: 17. 10. 1889
Gestorben in: Gotha

Jurist, Gründer des Deutschen Schützenbundes
Sohn eines Amtsarztes, nach Besuch des Gothaer Gymnasiums 1840-1843 Studium der Rechtswissenschaften in Jena, danach Akzessist beim Justizamt Zella, 1848-1850 Gerichtsangestellter (Aktuar) im Amt Liebenstein, 1854-1859 Amtskommissar und Kreisgerichtsrat am Stadtgericht in Gotha, Justizrat, 1859-1865 Staatsanwalt und zuletzt Direktor des Landgerichts in Gotha, 1870-1881 Mitglied des Landtags und zwölf Jahre Stadtverordneter; 1870 gründete er den Landeshilfsverein für freiwillige Krankenpflege; am bekanntesten wurde er als Gründer und erster Präsident des Deutschen Schützenbundes, der am 11. Juli 1861 in Gotha beim 1. Deutschen Schützenfest nach einem Aufruf der Gothaer Altschützengesellschaft gegründet worden ist, deren Schützenmeister damals Sterzing war.

Lit.: Schneider, G.: Gothaer Gedenkbuch, Gotha 1906; Förderverein Dt. Schützentradition: Selbstporträt am Beispiel Altschützengesellschaft Gotha e.V., Gotha 1995.

Stieler, Adolf

Geboren am: 26. 02. 1775
Geboren in: Gotha
Gestorben am: 13. 03. 1836
Gestorben in: Gotha

Geograph, Kartograph, Jurist
Sohn eines Bürgermeisters, 1786-1793 Schüler am Gymnasium in Gotha, 1793-1796 Jurastudium in Jena und Göttingen, seit 1797 Amtsadvokat in Gotha, 1813 Legationsrat und 1829 Geheimer Regierungsrat; im Gothaischen Staatsdienst erwarb er sich bei der Entwicklung der Staatsdienerwitwenkasse und des städtischen Schulwesens besondere Verdienste, schaffte als Gründungsmitglied der Gothaer Lebensversicherungsbank mit seinen wissenschaftliche Berechnungen für die Lebensversicherung den erforderlichen Vorlauf; seit 1797 kartographische Arbeiten für den Verlag Fr. J. Bertuch in Weimar, u. a. zum Kartenwerk „Topographisch-militärische

Karte von Teutschland" (1807-1813), seit 1805 auch für den Gothaer Verlag Justus Perthes, wo seit 1817 sein „Hand-Atlas" mit 50 Kartenblättern erschien; damit erlangte er als Begründer der wissenschaftlichen Atlaskartographie des 19. Jh. Weltruf, 1925 erschien die von Hermann Haack (s.d.) erarbeitete große „Hundertjahr-Ausgabe" von „Stielers Handatlas".

Würdigung: Stielerstraße
Lit.: Horn, W.: Das kartographische Gesamtwerk Adolf Stielers, PM 111 (1967); Gothaer Geographen und Kartographen, Gotha 1985; N Nekr D 14 (1842); ADB 36 (1893).

Stölzel, Gottfried Heinrich

Geboren am: 13. 01. 1690
Geboren in: Grünstädtel (Erzgebirge)
Gestorben am: 27. 11. 1749
Gestorben in: Gotha

Organist, Komponist, Hofkapellmeister

Organistenausbildung beim Vater (Bergmann und Organist), 1705 Besuch des Lyzeums in Schneeberg (Erzgebirge), 1706 Gymnasiast in Gera, 1707 nach Leipzig zum Theologiestudium, aber mehr an der Musik interessiert, 1710 in Breslau als Sänger und Klavierspieler, auch Komponist von Vokal- und Instrumentalwerken, um seinen Lebensunterhalt zu verdienen; nach Aufenthalten in Naumburg, Zeitz und Gera (Opernkompositionen) 1713 längere Italienreise (Venedig, Florenz, Rom, Bologna, zurück nach Venedig) und nachhaltige Begegnungen mit den bedeutendsten Vertretern des dortigen Musiklebens; 1717 am markgräflichen Hof in Bayreuth mit kirchenmusikalischen Kompositionen, danach 18 Monate lang Kapelldirektor und Hoforganist sowie Musiklehrer am Gymnasium in Gera, am 24. Februar 1719 Berufung zum Kapellmeister an den Gothaer Hof, wo er drei Jahrzehnte lang Kirchen- und Tafelmusiken für das Hofleben zu komponieren hatte, außerdem als Gutachter für den Orgelbau und als Musiklehrer tätig, von besonderer Bedeutung war auch seine „Abhandlung vom Rezitativ" (Sprechgesang bei szenischen Kompositionen), er hinterließ zahlreiche geistliche und weltliche Kantaten, darunter auch szenische sowie Gelegenheitskantaten für Feste am Hofe; seine zeitgenössischen Musikerkollegen, vor allem J. S. Bach, haben seine Werke sehr geschätzt und Lorenz Mizler zählte ihn in seiner „Musikalischen Sozietät" zu den zehn bedeutendsten deutschen spätbarocken Komponisten seiner Zeit.

Würdigung: Stölzelstraße
Lit.: Rabich, E.: Kapellmeister Stölzel, RuF 6 (1930) Nr. 1; Henneberg, F.: Das Kantatenschaffen von Gottfried Heinrich Stölzel, Leipzig 1976; ADB 36 (1893); MGG 12 (1965).

Storch, Ludwig

Geboren am: 14. 04. 1803
Geboren in: Ruhla
Gestorben am: 05. 02. 1881
Gestorben in: Kreuzwertheim am Main

Romanautor, Dichter, Verleger
Sohn eines Arztes, 1816 kaufmännische Lehre in Erfurt, 1818-1822 Gothaer Gymnasium, danach zum Nordhäuser Gymnasium, 1823-1825 Theologie- und Philologiestudium in Göttingen und Leipzig, 1825 Heirat der Mutter seines 1823 geborenen Söhnchens in Gotha, Tochter eines Schuhmachermeisters; seit 1820 erste Dichtungen, darunter die 1824 in Gotha aufgeführte Oper „Die drei Flämmchen oder die Gründung des Klosters Reinhardsbrunn", 1830 Promotion in Leipzig, 1831 in Gotha Herausgeber des „Neuen Thüringischen Boten", wegen seiner Sozialkritik von der Zensur unterdrückt, Schreiben wird nun für ihn bitterer Broterwerb, 1842 erneut Verleger des Volksblattes „Der Thüringer Bote", aber ab 1844 jahrelanges Konkursverfahren; in der revolutionären Bewegung von 1848 als Demokrat ein glänzender Volksredner, führender Teilnehmer an den beiden Volkstagen in Ohrdruf, floh vor der Polizei nach Nordhausen, kehrte 1852 nach Georgenthal zurück und lebte 1853 bis 1855 in Waltershausen, führte danach ein unstetes Wanderleben, seit 1866 Pensionär der Schiller-Stiftung für verarmte Schriftsteller in Kreuzwertheim; bei seiner umfangreichen schriftstellerischen Arbeit blieb er seiner thüringischen Heimat verbunden, wie u. a. seine „Thüringische Chronik" und sein in mehreren Auflagen erschienenes „Wanderbuch durch den Thüringer Wald" (beide 1841) zeigen. Der Schriftsteller Alexander Ziegler gab später den „Poetischen Nachlass" (Eisenach 1882), seine „Ausgewählten Romane und Novellen" (1855-1862, 31 Bände) heraus.

Würdigung: Ludwig-Storch-Weg
Lit.: Schneider, G.: Gothaer Gedenkbuch, Gotha 1906; Pachnicke, G.: Ludwig Storch, ein Gothaer Dichter, Gotha 1957; ADB 36 (1893).

Strenge, Karl Friedrich von

Geboren am: 31. 01. 1843
Geboren in: Ohrdruf
Gestorben am: 16. 06. 1907
Gestorben in: Gotha

Jurist, Staatsminister
Sohn eines Bürgermeisters, Besuch der Gymnasien in Ohrdruf und Gotha, nach Jurastudium in Jena und Berlin (1861-1864) Akzessist und Referendar, seit 1868 Rechtsanwalt und Notar (seit 1869 Gotha), 1877-1890 Stadtverordneter, 1889-1891 Landtagsabgeordneter und Mitglied des Sachsen-Coburg-Gothaischen Gesamtministeriums, ab 19. November 1891 bis 01. Dezember 1900 Staatsminister; sein Versuch, unter Herzog Alfred die Landesteile Coburg und Gotha als eine Verwaltungsunion zu leiten, scheiterte am Coburger Widerstand, dagegen die Einführung des neuen Bürgerlichen Gesetzbuches (1900) und die Vorbereitung für ein neues Domänenabkommen (1905) erfolgreich, wegen fehlenden Rückhalts als nationalliberaler „Hofdemokrat" im Gothaer Landtag Rücktritt als Minister; Vorsitzender des Gothaer Protestantenvereins, als Heimatforscher und Mitglied des Vereins für Gothaische Geschichte, der ihm in seinen Mitteilungen einen Nachruf (Jg. 1906/07) gewidmet hat, hat er mehrere Aufsätze veröffentlicht, u. a. über die älteren Gothaer Stadtrechte (Jena 1909).

Lit.: Schneider, G.: Gothaer Gedenkbuch, 2. Bd. Leipzig, 1909; Heß, U.: Das Sachsen-Coburg und Gothaische Staatsministerium 1858-1918, Jahrb. Coburger Landesstiftung 7 (1962).

Sulzer, Friedrich Gabriel

Geboren im: Oktober 1749
Geboren in: Gotha
Gestorben am: 14. 12. 1830
Gestorben in: Gotha

Hof- und Leibarzt
Sohn von Johann Caspar Sulzer (s.d.), Medizinstudium mit Promotion in Göttingen (1768), danach Arzt in Gotha, 1779 Leibarzt, seit 1784 Hofrat und -arzt, im Sommer (Badesaison) Brunnenarzt in Ronneburg bei Altenburg; führte die von seinem Vater eingeführte Blatternschutzimpfung erfolgreich weiter, Leibarzt der Herzogin Dorothea von Kurland, 1807 mit Goethe in Karlsbad.

Lit.: Nekr D 1799, (10, 2) 1805; ADB 37 (1894); Müller, E.: Ungewöhnliche Schicksale der Gotha-Altenburger Arztfamilie Sulzer, RuF 7 (1930) 11.

Sulzer, Johann Caspar

Geboren am: 17. 06. 1716
Geboren in: Winterthur (Schweiz)
Gestorben am: 10. 04. 1799
Gestorben in: Gotha

Hof- und Leibarzt
Vater Chirurg und Stadtarzt in Winterthur; Medizinstudium in Straßburg (Elsass) mit Promotion (1749), danach Arzt in Winterthur; 1748/49 von Herzog Friedrich III. von Sachsen-Gotha-Altenburg zum Hof- und Leibarzt nach Gotha berufen, wo er als einer der ersten Ärzte in Deutschland seit 1769 erfolgreich die Blattern-Schutzimpfung im Herzogtum Gotha einführte, 1795 Reise in die Schweiz, ungewöhnlich große Praxis, beliebter Arzt auch der armen Kranken; seit 1763 Mitglied der Akademie der Naturforscher „Leopoldina".

Lit.: Nekr D 1799, (10,2) 1805; ADB 37 (1894); Müller, E.: Ungewöhnliche Schicksale der Gotha-Altenburger Arztfamilie Sulzer, RuF 7 (1930) 11.

Suttner, Bertha Freifrau von

Geboren am: 09. 06. 1843
Geboren in: Prag
Gestorben am: 21. 06. 1914
Gestorben in: Wien

Schriftstellerin, Friedensnobelpreisträgerin

Keine Gothaerin, aber hier bestattet; geborene Gräfin Kinsky, Kindheit in Brünn (Südmähren) und Jugend in Wien und Klosterneuburg verbracht, die Familie verarmt, als Lehrerin und Erzieherin tätig, sprach Französisch, Italienisch und Englisch, seit 1876 mit Freiherr Arthur von Suttner verheiratet; 1878 Beginn ihrer schriftstellerischen Tätigkeit mit Novellen, 1882 die ersten drei Romane erschienen, z. T. sozialkritisch („Das Maschinen-Zeitalter"), 1889 ihr Hauptwerk „Die Waffen nieder!" macht sie international berühmt, 1891 Gründung der „Österreichischen Gesellschaft der Friedensfreunde" und Teilnahme an sämtlichen internationalen Friedenskongressen, 1892 auf ihre Initiative Gründung der Deutschen Friedensgesellschaft in Berlin, unermüdlich publizistisch und auf Vortragsreisen für die Friedensbewegung tätig, u. a. 1905 Vortragstournee durch 28 deutsche Städte (nicht in Gotha), 1902 erschienen ihre „Memoiren". Seit 1876 mit dem schwedischen Erfinder Alfred Nobel (1833-1896) bekannt; als erste Frau erhielt sie 1905 den von ihm gestifteten Friedenspreis; auf ihren testamentarischen Wunsch am 25. Juni 1914 im Gothaer Krematorium bestattet.

Würdigung: Bertha-von-Suttner-Platz, Bertha-von-Suttner-Straße, Urne im Gothaer Krematorium
Lit.: Suttner, B. v.: Memoiren, Bremen 1965; Hamann, Br.: Bertha von Suttner, München, Zürich 1987; Kürschner Lit. Kal. 1914; Wer ist's? Leipzig 7 (1914).

Tamme, Bruno

Geboren am: 01. 10. 1883
Geboren in: Gotha
Gestorben am: 20. 11. 1964
Gestorben in: Gotha

Architekt
Als ältester von drei Söhnen und einer Tochter eines schlesischen Tischlers geboren, den Beruf eines Zimmerers erlernt, 1899-1903 Ausbildung an der Gothaer Baugewerbeschule, danach Hochschulstudium in Köln, ab 1913 als freier Architekt in Gotha tätig, projektierte Geschäfts- und Wohnhäuser, u. a. die Landesobstbaumschule (Töpfleber Flur 1919), zusammen mit Richard Neuland (1884-1954) die Gartenstadtsiedlung „Am Schmalen Rain" (1927/28), Kino „Capitol" (1927), Kaufhaus „Conitzer und Söhne" (1928, seit 1990 Kaufhaus JOH), Rennbahn-Restaurant am Boxberg (1932), Gaststätte am Lindenhügel (1935); verlor durch Bombenangriff (1944) seinen Besitz; ab 1945 am Aufbau des Kulturbundes beteiligt und Mitbegründer des Gothaer Klubs der Kulturschaffenden.

Lit.: Petersen, A.: Jeschke, B.: Gartenstadt „Am Schmalen Rain", Gotha, Weimar 1984 (Dipl.-Arbeit HAB); Escherich, M.: Ein Stück Bauhaus (Bruno Tamme), TLZ vom 04.03.1995.

Tentzel, Wilhelm Ernst

Geboren am: 11. 07. 1659
Geboren in: Greußen (Thüringen)
Gestorben am: 17. 11. 1707
Gestorben in: Dresden

Historiker, Numismatiker
Sohn eines Pfarrers, 1671 nach Arnstadt, 1677 - 1683 Studium der Theologie, Philologie und Geschichte in Wittenberg, seit 1684 Zuhause, 1686 Lehrer am Gymnasium in Gotha; 1692 Berufung zum Leiter des herzoglichen Münzkabinetts und Historiographen des ernestinischen

Fürstenhauses; schon 1687 Mitglied des von G.W. Leibniz geleiteten „Collegium Historicum Imperiale", 1689 - 1698 Herausgabe von „Monatlichen Unterredungen von allerhand Büchern" als ein Journal über wissenschaftliche Literatur, 1696 erscheint sein Bericht über den Aufsehen erregenden Fund eines vorzeitlichen Elefantenskeletts bei Tonna (Kreis Gotha), außerdem schrieb er zwei Ergänzungsbände (Supplementum I, II) zur „Historia Gothana" (1696 - 1702) des Jenaer Historikers Caspar Sagittar, als Numismatiker hat er zwei große Verzeichnisse von bleibendem Wert hinterlassen: „Saxonia Numismatica oder Medaillen-Cabinet" des albertinischen und des ernestinischen Fürstenhauses (beide 1705 - 1711, Neudruck 1981 - 1983); 1702 ging Tentzel nach Dresden, wo er das Opfer von Hofintrigen wurde und sich verbittert zurückzog.

Lit.: Steguweit, W.: Wilhelm Ernst Tentzel (1659- 707), Numismatische Hefte 1, Suhl 1981; ADB 37 (1894).

Thienemann, August

Geboren am: 07. 09. 1882
Geboren in: Gotha
Gestorben am: 22. 04. 1960
Gestorben in: Plön/Holstein

Hydrobiologe, Begründer der deutschen Limnologie

Sohn des Gothaer Buchhändlers Karl Friedrich Thienemann, Abitur als „Primus" am Gymnasium Ernestinum, 1901 Universitätsstudium in Greifswald, Innsbruck und Heidelberg, zehnjährige Tätigkeit als Fischereibiologe an der landwirtschaftlichen Versuchsstation in Münster, 1907-1917 Tätigkeit als Hochschullehrer in Münster (Westf.) und Kiel, 1917 gründete er in Plön/Holstein die hydrobiologische Anstalt der Kaiser-Wilhelm-Gesellschaft (später Max-Planck-Institut für Limnologie), dessen Direktor er über 40 Jahre war, begründete in Deutschland die Lehre von den Binnengewässern und ihren Lebensgemeinschaften (Limnologie), auf seine Initiative wurde 1922 die Internationale Vereinigung für theoretische und angewandte Limnologie gegründet, 1928-1929 unter seiner Leitung die erste deutsche limnologische Expedition nach Sumatra, Java und Bali, deren Auswertung in zwölf umfangreichen Bänden festgehalten ist. Er hinterließ 459 wissenschaftliche Veröffentlichungen, darunter bedeutende Werke wie die „Binnengewässer Mitteleuropas" (1925) und die „Verbreitungsgeschichte der Süßwassertierwelt Mitteleuropas" (1950), eine vollständige Sammlung seiner Publikationen besitzt das Museum der Natur in Gotha, er gilt als „Vater der deutschen Limnologie".

Lit.: Oschmann, M.: Prof. Dr. August Thienemann ein Biologe aus Gotha, Der Friedenstein Gotha 1961; Thienemann, A.: Erinnerungen und Tagebuchblätter eines Biologen, Stuttgart 1959; Poggendorff VIIa (4), 1961; Kürschners GK 1961.

Thümmel, Hans Wilhelm von

Geboren am: 17. 03. 1744
Geboren in: Schönefeld bei Leipzig
Gestorben am: 01. 03. 1824
Gestorben in: Altenburg

Geheimer Rat, Minister

Jüngerer Bruder von Moritz August von Thümmel (s.d.), Abbruch des Jurastudiums in Leipzig infolge Vermögensverlust des Vaters durch den 7-jährigen Krieg, 1760 als Page am Gothaer Hof aufgenommen, 1769 Reise mit dem englischen Herzog von Granson nach der Schweiz und Italien, 1772 Assessor am Kammerkollegium, 1771/72 Italienreise in Begleitung des Prinzen August von Sachsen-Gotha-Altenburg (s.d.), 1783 bis 1796 Kammervizepräsident in Altenburg, 1790 Geheimer Rat und Kammerpräsident, im diplomatischen Auftrag nach Frankfurt, Kopenhagen und Paris, 1804 Minister, 1807 Verhandlungen mit Napoleon wegen des Rheinbundes; 1771/72 zur Linderung der Teuerung Getreideimporte veranlasst, 1776 Bauplanung für das Sommerpalais des Prinzen August (Mozartstraße), 1798/99 auf seine Initiative Gründung der Siedlungskolonie Neufrankenroda bei Friedrichswerth (seit 1990 christliche Kommunität „Siloah"), 1805/06 Arbeitsbeschaffungsprogramm mit sieben Punkten zur Linderung der Not der Teuerungsjahre als Grundlage der Umgestaltung des mittelalterlichen Stadtbildes der Residenzstadt Gotha von 1806 bis 1811 (Abbruch der Wälle und Mauern), später Chausseebau Gotha-Erfurt, Anlage von Steuerbüchern und Aufhebung der ungemessenen Frondienste; 1817 in den Ruhestand getreten, auf seinem Landgut Nöbdenitz bei Schmölln wissenschaftliche und literarische Arbeiten, u.a. über das Altenburger Land.

Lit.: N Nekr D 2 (1824), Ilmenau 1826; ADB 38 (1894); Kuhn, W.: Hans Wilhelm von Thümmel, Altenburger Heimatbl. 2 (1933) 9 u.10.

Thümmel, Moritz August von

Geboren am: 27. 05. 1738
Geboren in: Schönefeld bei Leipzig
Gestorben am: 26. 10. 1817
Gestorben in: Coburg

Dichter, Staatsminister

Sohn eines Landkammerrats und Bruder des Hans Wilhelm von

Thümmel (s.d.), nach Besuch der Klosterschule Roßleben bei Naumburg (1754-1756) Studium der Rechtswissenschaft in Leipzig; Anschluß an den literarischen Freundeskreis um den Dichter und Professor C. F. Gellert; Berufung als Kammerjunker an den Hof des Coburger Herzogs Ernst Friedrich, 1760 Regierungsrat, 1768 Geheimer Rat und Minister bis 1783; danach lebte er als Privatier abwechselnd in Gotha und auf dem Wangenheimschen Gut seiner Frau in Sonneborn bei Gotha; literarisch bekannt geworden ist Thümmel 1764 mit seinem erfolgreichen prosaisch-heiteren Epos „Wilhelmine", das zu seinen Lebzeiten in mehrere Sprachen übersetzt und noch im 20. Jahrhundert wiederholt gedruckt wurde, nach einer längeren Reise durch Frankreich und Italien (1775-1777) beschrieb er seine Erlebnisse und Eindrücke in den zehn Bänden „Reise in die mittäglichen Provinzen von Frankreich" (1791-1803), ein interessantes und vielgelesenes Zeitdokument; als Gast der Hochzeit Herzog Ernsts I. (s.d.) 1817 in Coburg starb er am 26. Oktober nach kurzer Krankheit.

Lit.: Schneider, G.: Gothaer Gedenkbuch, Gotha 1906; RuF 2 (1925) 11; ADB 38 (1894); Literatur-Lexikon, Autoren und Werke dt. Sprache, Hrsg. v. Walther Killy, Bd. 11, Gütersloh / München 1991.

Trützschler, Franz Adolf von

Geboren am: 10. 02. 1792
Geboren in: Altenburg
Gestorben am: 12. 06. 1873
Gestorben in: Gut Heerda bei Ohrdruf (Thür.)

Staatsbeamter
Vogtländischer Uradel, Sohn des Gothaer Geheimen Rats Fr. C. A. von Trützschler (1751-1831), seit 1814 Regierungs-Assessor, 1817 herzoglicher Regierungsrat, 1818 erbte er das Rittergut Heerda bei Ohrdruf (Thür.), 1829 Geheimer Regierungsrat und Mitglied des Justizkollegiums Gotha, 1832 Geheimer Konferenzrat und bis 1836 Mitglied des Sachsen-Coburg und Gothaischen Ministeriums in Gotha, 1834 Ehrenbürger der Stadt Gotha für seine Verdienste bei der Reform der Stadtverfassung (1832/33); aus gesundheitlichen Gründen 1836 aus dem Staatsdienst ausgeschieden, lebte danach abwechselnd auf Burg Falkenstein im Vogtland und auf dem Familiengut Heerda, 1870 errichtete er eine Schul-Stiftung für Heerda. Sein Sohn Wilhelm Adolph von Trützschler (1818-1849) war Mitglied des Frankfurter Parlaments (1848/49), im Mai 1849 Zivilkommissar der Badischen Revolutionsregierung, als Aufständischer am

14. August 1849 vom preußischen Militär erschossen, nach ihm wurde 1948 der „Trützschlerplatz" an der Gothaer Bauschule benannt.

Würdigung: Ehrenbürger
Lit.: ADB 38 (1894); Wenzel, M.: Gothas Ehrenbürger, FB Gotha 1993/94; Hess, U.: Geheimer Rat und Kabinett in den ernestinischen Staaten Thüringens, Weimar 1962.

Ukert, Friedrich August

Geboren am: 28. 10. 1780
Geboren in: Eutin
Gestorben am: 18. 05. 1851
Gestorben in: Gotha

Bibliothekar, Historiker
Vater Hofprediger, nach Besuch des Gymnasiums in Eutin 1800-1803 Studium der Theologie und Philologie in Halle und Jena, mehrere Jahre Hauslehrer in Danzig und Jena, wo er die beiden Söhne Schillers unterrichtete (1807/08); in Gotha 1808 Anstellung als Kollaborator (Hilfslehrer) am Gymnasium, zugleich 2. Bibliothekar an der Bibliothek im Schloss Friedenstein, nach Friedrich Jacobs Tod (s. d.) Oberbibliothekar; er verfaßte neben einer mehrbändigen Geographie der Antike zusammen mit seinem Kollegen Jacobs „Beiträge zur älteren Literatur oder Merkwürdigkeiten der Herzogl. Bibliothek zu Gotha" (3 Bde, 1835-1838), die noch im 20. Jh. ihren Informationswert für die Forschung besaßen, bekannt geworden mit dem umfangreichen Sammelwerk „Geschichte der europäischen Staaten", dass er mit dem Göttinger Historiker A. H. L. Heeren ab 1829 herausgegeben hat.

Lit.: Schneider, G.: Gothaer Gedenkbuch, Gotha 1906; N Nekr D 29 (1851); ADB 39 (1895).

Vetter, Franz

Geboren am: 01. 02. 1886
Geboren in: Halle-Giebichenstein
Gestorben am: 17. 08. 1967
Gestorben in: Gotha

Landschaftsmaler, Grafiker, Gewerbelehrer
1896-1904 Bürgerschule und Gymnasium in Halle, drei Jahre krank, 1907-1909/10 Ausbildung zum Fachlehrer an der Kunstgewerbe-

schule in Halle, daneben Besuch von Vorlesungen zur Kunstgeschichte bei Wilhelm Waetzold an der Universität, 1910-1913 weitere Ausbildung an der Kunstgewerbeschule in Kassel mit Abschluss als Zeichenlehrer, anschließend Studienreise nach Italien. 1913 Berufung an die Baugewerbeschule in Gotha, hier bis 1946 als Gewerbelehrer tätig, 1917 Heirat mit Malerin und Zeichenlehrerin Erna Fahr (gest. 1954), gemeinsame Studienreisen durch Deutschland. 1928 zweite Italienreise („Reisetagebuch Italien"), Berufung in den künstlerischen Beirat der Stadt Gotha, 1939 Reisen in die Schweiz sowie nach Österreich und Jugoslawien; zahlreiche Ausstellungen in München, Dresden, Berlin und in verschiedenen Thüringer Städten, zuletzt 1987 in Gotha, 1922 Gothaer Künstlervereinigung „Die Garbe" gegründet (Förderung des allgemeinen Kunstverständnisses), seit 1946 freischaffend Abhaltung von Zeichen- und Malkursen, besonders zur Meistervorbereitung für Malergesellen; von 1908 bis 1962 Briefpartnerschaft mit dem Dichter Hermann Hesse („mein kleines Hesse-Archiv"), setzte sich für die Erhaltung des Nachlasses des Malers Fritz Koch-Gotha (s. d.) ein.

Lit.: Vetter, F.: Erna Vetter zum Gedächtnis (1887-1954), Friedenstein, Gotha 1957; Vetter, F.: Künstlervereinigung „Die Garbe", Friedenstein, Gotha 1960; Vollmer, H.: Allg. Lexikon bildender Künstler des XX. Jh., Leipzig Bd. 5 (1961).

Vogel, Carl

Geboren am: 04. 05. 1828
Geboren in: (Bad) Hersfeld
Gestorben am: 16. 07. 1897
Gestorben in: Gotha

Kartograph
Als Sohn eines Handwerkers geboren, nach bestandener Abschlußprüfung an der höheren Gewerbeschule in Kassel 1846 technischer Hilfsarbeiter bei der topographischen Landesvermessung Kassel, von 1853 bis 1897 technisch- u. wissenschaftlicher Mitarbeiter der Justus Perthesschen Geographischen Anstalt in Gotha; er gilt als einer der besten Meister in der Zeichnung von Handkarten, u. a. „Topographische Karte vom Thüringer Wald" (1864-1866), „Süddeutschland und Schweiz" (1867) und zahlreichen Karten für die 6. bis 9. Ausgabe von Stielers Handatlas; außerdem bekannt geworden durch seine „Karte des Deutschen Reiches 1 : 500000" (1891-1893) als Grundlage für die spätere „Karte von Mitteleuropa" (1936 als „Fliegerkarte" erschienen).

Lit.: Gothaer Geographen und Kartographen, Gotha 1985

Walch, Johann Heinrich

Geboren am: 21. 11. 1775
Geboren in: Großneuhausen bei Weimar
Gestorben am: 02. 10. 1855
Gestorben in: Gotha

Militärkapellmeister, Komponist
Fast vergessen ist der Komponist des „Pariser Einzugsmarschs 1814" für leichte Kavallerie, der immer noch bei Reitsportveranstaltungen als Begleitmusik von Pferdedressurvorführungen gespielt wird. Als Hornist und Trompeter hat sich Walch der Militärmusik zugewandt, als deren Gothaer Hofkapellmeister er bis 1845 wirkte; Blasmusik war damals im Gartenrestaurant, als Platz- und Promenadenkonzerte sowie bei Bällen auf großen Tanzsälen sehr beliebt; deshalb seine zahlreichen Tanzmusikkompositionen (Walzer, Polka, Märsche), beim Leipziger Musikverlag Peters hat er zehn Bücher mit „Orchesterstücke für Militärmusik" publiziert; außerdem war er auf Reisen in Moskau und St. Petersburg, Kopenhagen und Stockholm als beliebter Dirigent und Komponist aufgetreten, wo noch bis vor dem zweiten Weltkrieg seine Märsche gespielt wurden, in Stockholm hatte er sechs Märsche für das Musikkorps der königlichen Wachtparade komponiert, in Gotha hat er oft zu festlichen Gelegenheiten seine neuesten Kompositionen aufgeführt, u.a. zur Einweihung des Schießhauses 1824 (heute Stadthalle) und zum zweiten Liederfest des Thüringer Sängerbundes 1844. Leider sind wichtige Lebensdaten über sein Wirken immer noch weithin unbekannt geblieben.

Lit.: Schneider, G.: Gothaer Gedenkbuch, 2. Bd. Leipzig 1909; Johann Heinrich Walch, RuF 7 (1930) 21.

Wandersleb, Friedrich Adolf

Geboren am: 08. 01. 1810
Geboren in: Werningshausen bei Straußfurt
Gestorben am: 21. 10. 1884
Gestorben in: Gotha

Komponist, Chorleiter
Sohn eines Lehrers und Organisten, Ausbildung am Lehrerseminar in Gotha, danach als Musiklehrer tätig, 1838 zum Gesangslehrer an die Stadtschule in Gotha berufen; Chorleiter der „Liedertafel" (1837 gegr.), des bedeutenden und größten Go-

thaer Gesangvereins von 1838-1882, leitete 1845 das 3. Thüringer Sängerfest in Gotha in Anwesenheit der Königin Victoria von England und der herzoglichen Familie, Ernennung zum „Herzoglichen Musikdirektor", schrieb später zwei Opern (Die Bergknappen, Lanval) und zahlreiche Lieder sowie Chorkompositionen besonders für die großen Treffen des Thüringer Sängerbundes sowie Klaviermusik; seit 1871 führte Wandersleb jährlich drei große Chorkonzerte unter Mitwirkung des Orchestervereins durch, nach dem Bau einer offenen Konzerthalle (1873) im Berggarten leitete er dort auch Sommerkonzerte; über vier Jahrzehnte hat er mit der „Liedertafel" das Gothaer Musikleben neben anderen Chören und Orchestervereinen als „Gothaer Liedervater" (Kohlstock) wesentlich mitgeprägt.

Würdigung: Denkmal mit Büste im Berggarten (oberhalb der Gaststätte)
Lit.: Kohlstock, K.: Musikdirektor Friedrich Adolf Wandersleb, RuF 14 (1937) 9; Motschmann, H.: Hundert Jahre Musik in Gotha, MVG H. 29, Gotha 1938; ADB 55 (1910).

Weidner, Johann David

Geboren am: 1721
Geboren in: Bürgel bei Eisenberg (Thür.)
Gestorben am: 23. 06. 1784
Gestorben in: Gotha

Baumeister und Architekt
Seit 1742 Schüler, später Baukondukteur unter dem Weimarer Landbaumeister Gottfried Heinrich Krohne (1703-1756) bei den Schlossbauten in Weimar, Dornburg, Eisenach und Gerstungen, 1752-1784 Oberaufsicht (1754 Baumeister) über das gesamte herzogliche Bauwesen im Gothaer Land; in Gotha 1766-1774 Fertigstellung der Orangerie, 1773 Obergärtnerhaus (Anbau am Winterpalais), zwei Anbauten (ehm. Pagen- und Wachthaus) am Haupttrakt (Stadtseite) des Schlosses Friedenstein; in Ohrdruf nach Stadtbrand 1753 Michaeliskirche (1754-1760, 1945 zerstört) und Schulhaus, 1768-1773 Stadtkirche in Zella(-Mehlis), seit 1761 in Altenburg den „Großen Teich" architektonisch ausgestaltet. Sein Sohn Friedrich David Weidner (1757-1825) war nach dem Studium von Mathematik und Architektur in Kassel und Jena seit 1783 Baukondukteur am Gothaer Hof, seit 1800 Landbaumeister, 1823 Baurat.

Lit.: Möller, H. H.: Gottfried H. Krohne u. die Baukunst des 18. Jh. in Thür., Berlin 1956; TB 35 (1942).

Weishaupt, Adam

Geboren am: 06. 02. 1748
Geboren in: Ingolstadt
Gestorben am: 18. 11. 1830
Gestorben in: Gotha

Schriftsteller, Stifter des Illuminaten-Ordens
Sohn eines Universitätsprofessors, 1755-1763 Besuch des Jesuitengymnasiums in Ingolstadt, danach Studium der Geschichte, Rechts- und Staatswissenschaften an der Universität in Ingolstadt seit 1772 Professor für kanonisches Recht, nach Verlust seiner Professur Gründung des Illuminaten-Ordens am 1. Mai 1776, dessen „General" er bis 1784 war; nach offener Polemik und Anklagen gegen den Orden in Bayern wurde der Illuminaten-Orden 1785 verboten, Weishaupt floh über Regensburg nach Gotha, wo ihm Herzog Ernst II. von Sachsen-Gotha-Altenburg Asyl und eine Pension mit dem Titel Hofrat gewährte, einem Antrag des Kurfürsten Karl Theodors von Bayern (1787) auf Auslieferung Weishaupts kam der Gothaer Herzog nicht nach; Weishaupt hat nach 1785 seinen Orden wiederholt verteidigt („Das verbesserte System der Illuminaten", 1787, 3. Auflage 1818, u. a. Schriften).

Lit.: ADB 41 (1896); Dülmen, R. van: Der Geheimbund der Illuminaten, Stuttgart 1975; Schüttler, H.: Die Mitglieder des Illuminatenordens 1776-1787/93, München 1991

Witt(e), Christian Friedrich

Geboren: um 1660
Geboren in: Altenburg
Gestorben am: 13. 04. 1716
Gestorben in: Gotha

Komponist, Hofkapelldirektor
Vater Hoforganist in Altenburg und Lehrer seines Sohnes, 1685/86 in Nürnberg Kompositionsstudium auf Kosten Herzog Friedrichs I. von Sachsen-Gotha-Altenburg, am 1. Juni 1686 Berufung als Kammerorganist an den Gothaer Hof, 1688 erneut nach Nürnberg, Mitte Juli 1689 Heirat bei den Einweihungsfeierlichkeiten des Friedrichswerther Schlosses, für die er die Festmusiken komponiert hatte, 1694 zweiter Hofkapelldirektor und 1713 Nachfolger des ersten Hofkapelldirektors W. M. Mylius; Musiklehrer zahlreicher namhafter Schüler, darunter der spätere Herzog Friedrich II. von Sachsen-Gotha-Altenburg; bekannt als „weitberühmter Clavier-Künstler" und „geschickter Kapellmeister" (C. Ph. Telemann).

Lit.: Fett, A.: Kapellmeister Chr. Fr. Witt; RuF 8 (1931) Nr. 13; MGG 14 (1968).

Witzmann, Georg

Geboren am: 19. 07. 1871
Geboren in: Gräfenhain (Kreis Liegnitz, Schlesien)
Gestorben am: 29. 09. 1958
Gestorben in: Coburg

Seminardirektor, Landtagsabgeordneter

Sohn eines Landwirts, 1882-1891 Besuch des Gymnasiums in Sagan (Schlesien), 1891-1894 Studium der Theologie und Philologie (Deutsch) und Geschichte, 1895 erstes theologisches Examen (zweites Examen 1897 in Breslau), danach Sekretär im Diakonieverein Herborn und Hauslehrer bei Graf von Hohenau in Dresden, 1897-1906 Dozent am Lehrerseminar in Coburg, 1903 Promotion zum Dr. phil. an der Universität Jena; 1906-1925 letzter Direktor des Herzog-Ernst-Lehrerseminars in Gotha, 1912 Gründung eines Lehrerinnen-Seminars, 1916 zum Schulrat ernannt, 1917 „Die Gothaer Nachversammlung zum Frankfurter Parlament im Jahr 1849" und 1925 „Probleme des Bildungswesens im Lichte Thüringer Kulturpolitik" von ihm erschienen, 1921 Gründung der Aufbauschule als neuer Schultyp für Schüler vom Lande ab 8. Klasse bis zur Reifeprüfung (mit Internat), als Oberstudiendirektor zweimal aus politischen Gründen (1920, 1923) von der linken thüringischen Landesregierung entlassen; 1919 Gründungsmitglied der Gothaer Ortsgruppe der Deutschen Volkspartei (DVP) und Mitglied der Landesversammlung, 1920 bis 1933 Vorsitzender der DVP-Fraktion des Thüringer Landtags, Entlassung aus dem Schuldienst 1933 durch nationalsozialistische Landesregierung wegen seiner Ablehnung von deren Politik und Wegzug nach Coburg, hier von 1946-1949 Aufbau und Leitung der neuen Lehrer-Bildungsanstalt.

Lit.: Witzmann, G.: Thüringen 1918-1933, Erinnerungen eines Politikers, Meisenheim a. Glau 1958; Glomp, H.: Vom Werden und Wandel einer Schule, Blomberg / Lippe (nach 1963); Witzmann, G.: Scheidegruß für das Herzog-Ernst-Seminar in Gotha, RuF 2 (1925) 7.

Wolfgang, Eduard

Geboren am: 13. 02. 1825
Geboren in: Gotha
Gestorben am: 13. 03. 1874
Gestorben in: Gotha

Bildhauer

Sohn eines Amtsadvokaten, 1841 Bildhauerausbildung bei Leopold Friedrich Doell (s. d.) in Gotha, 1845 Studium an der Münchner Akademie bei Ludwig Schwanthaler, für den er in der Frauenkirche gearbeitet hat, seit 1847 in Gotha, 1849 Lehrer für Zeichnen und Modellieren an der Gewerbe- und Bauschule, 1850 Konservator im Antikenkabinett, 1852 Aufsicht über das Chinesische Kabinett, 1853 Italienreise (Rom, Neapel, Pompeji), 1856 Aufsicht über das Antikenkabinett, Übernahme des Atelier Doells; schuf zahlreiche Statuen, Statuetten und Porträtbüsten, u. a. für die Gothaer Herzogsfamilie, die beiden Kolossalfiguren „Wissenschaft" und „Kunst" auf dem Mittelbau des Museums der Natur in Gotha, das Reliefmedaillon am Denkmal für Emil Jacobs (s. d.), 1857 preisgekrönter Entwurf für ein Denkmal Herzog Ernsts des Frommen (nicht ausgeführt), 1859 ein Schiller-Denkmal (Gips) zum 100. Geburtstag des Dichters (vorübergehend auf dem Hauptmarkt) als Entwurf, im Schlossmuseum (Sammlung Abgüsse) weitere Originalarbeiten.

Lit.: Schneider, G.: Gothaer Gedenkbuch, Gotha 1906; Purgold, K.: Der Gothaer Bildhauer Eduard Wolfgang, RuF 2 (1925) 4; Helbing, G., Laue, A.: Bildhauer und Maler in Gotha, Urania Gotha 1999.

Zach, Franz Xaver Freiherr von

Geboren am: 13. 06. 1754
Geboren in: Budapest
Gestorben am: 02. 09. 1832
Gestorben in: Paris

Astronom, Sternwartendirektor
Sohn eines österreichischen Militärarztes, österreichischer Ingenieuroffizier, Hauslehrer beim sächsischen Gesandten Graf Brühl in London, auf dessen Empfehlung 1786 nach Gotha, von Herzog Ernst II. von Sachsen-Gotha-Altenburg zum Major ernannt und mit astronomischen Beobachtungen beschäftigt, in dessen Auftrag Bau der Sternwarte auf dem Kleinen Seeberg bei Gotha (1787-1791), deren erster Direktor (bis 1804) von Zach war, der auch den ersten internationalen Astronomenkongress im August 1798 mit bedeutenden Astronomen organisiert und geleitet hat; seine ersten großen Veröffentlichungen waren die Sonnentafeln mit dem dazugehörigen Sternkatalog (1792), 1798 Gründung der Zeitschrift „Allg. Geographische Ephemeriden" (ab 1800 „Monatliche Correspondenz zur Beförderung der Erd- und Himmelskunde"), außerdem Ausbildung von jüngeren Wissenschaftlern, u.a. auch Bernhard von Lindenau (s.d.);

1802-1804 Vorbereitung der Landesvermessung von Thüringen (bis 1810), 1802 zum Oberst befördert, reiste nach dem Tod Ernst II. mit dessen Witwe 1806 nach Südfrankreich und Genua, nach dem Tod der Herzogin (1827) nach Paris, wo er an der Cholera starb.

Würdigung: Von-Zach-Straße, Grabstein auf dem Pariser Friedhof PÈre Lachaise (1997 renoviert)
Lit.: Schneider, G.: Gothaer Gedenkbuch, Gotha 1996; Püschel, S.: Die Gothaer Sternwarte, RuF 16 (1939) 7; Strumpf, M.: Gothas astronomische Epoche, Horb a. N. 1998; ADB 44 (1898); Poggendorff VII a Suppl, 1971.

Zahn, Gustav

Geboren am: 28. 04. 1846
Geboren in: Werningshausen bei Strausfurt (Thür.)
Gestorben am: 13. 09. 1921
Gestorben in: Friedrichroda

Seminarlehrer, Biologe und Geologe
Nach dem Besuch des Gothaer Gymnasiums (1856-1863) Ausbildung am Lehrerseminar in Gotha bis 1867, danach mit dem Pädagogen Friedrich Dittes (s.d.) nach Wien, bis 1874 Lehrer an der evangelischen Schule in Wiener-Neustadt, weitere fünf Jahre in Köln-Ehrenfeld; seit 1879 wieder in Gotha, am Lehrerseminar bis Ostern 1917 Fachlehrer für naturwissenschaftlichen Unterricht, dazu Entwicklung von zahlreichen Anschauungsmaterialien u. a. eines botanischen Gartens mit 222 Pflanzenarten mit Alpinum und Moorbeet, einer „geologischen Wand" mit Profilschnitten des Thüringer Waldes (1992 restauriert), Herbarium mit 24 Mappen; außerdem Publikationen über Bäume und Sträucher des Gothaer Parks, die Flora des Seebergs bei Gotha, zuletzt über die Pflanzenwelt des Herzogtums Gotha (postum 1927); von 1880 bis 1917 Mitglied, 1891-1903 Vorsitzender, später Ehrenmitglied des Naturwissenschaftlichen Vereins zu Gotha, zu dessen Jubiläum er die Festschrift „Der Seeberg" herausgab, ferner hat er in über 170 Vorträgen sein reiches Wissen einem breiten Publikum vermittelt.

Lit.: Nachruf im Goth. Tageblatt v. 21.09.1921; Hertel, R.: Gustav Zahns Verdienste um die naturwissenschaftlich-geographischen Anschauungsmittel, RuF 2 (1925) 7.

Zorn von Plobsheim, Wolf Christoph

Geboren: 1655
Geboren in: unbekannt
Gestorben am: 09. 08. 1721
Gestorben in: Gotha

Baumeister und Architekt
Sohn eines hohen Gothaer Hofbeamten, Ausbildung zum Offizier, 1686 Kammerjunker, 1692 Kommandant von Gotha, 1692/93 begleitete er als Oberstleutnant und Amtshauptmann von Friedrichswerth den Gothaer Erbprinzen Friedrich II. und dessen Bruder Johann Wilhelm auf ihrer Bildungsreise nach Holland und England, 1699

Obristenwachtmeister, Schloßhauptmann, Kommandant der Artillerie; 1703 Oberst, Baudirektor und Leiter des herzoglichen Bauamts, 1712 Generalmajor und Oberbaudirektor, durch sein Bauamt wurden alle bedeutenden Bauunternehmen in den Fürstentümern Gotha und Altenburg betreut, unter seiner Leitung entstand nach seinen Plänen in Gotha 1710-1711 das Schloss Friedrichsthal mit einem Garten und einer Orangerie als Sommerpalais des Herzogs Friedrich II., 1716-1719 das Hospitalgebäude im Brühl, 1720 die Kapelle und der Festsaal des Schlosses Tenneberg (Waltershausen) und 1719-1723 die Stadtkirche (Gotteshilfskirche) in Waltershausen als erster großer Zentralbau des Thüringer Barocks, in der früheren Literatur fälschlich seinem Stellvertreter, dem Gothaer Baumeister J. E. Straßburger (1675-1754) zugeschrieben.

Lit.: TB 36 (1947); Löffler, S.: Der Architekt der Waltershäuser Stadtkirche, in: Der Friedenstein, Gotha 1961; Facius, F.: Staat, Verwaltung u. Wirtschaft in Sachsen-Gotha unter Herzog Friedrich II. (1691-1732), Gotha 1932.

Zschaeck, Eduard

Geboren am: 01. 05. 1833
Geboren in: Gotha
Gestorben am: 30. 05. 1905
Gestorben in: Gotha

Pädagoge

Sohn des Gothaer Landschaftsmalers Ferdinand Zschaeck, besuchte beide Gothaer (klassisches und Real-) Gymnasien, 1854-1857 Studium der Theologie, Geschichte und Pädagogik in Jena, nach der Promotion Lehrer an der Handelsschule in Gotha (1818 von E. W. Arnoldi gegr.), seit 1861 Lehrer am Gymnasium, 1866-1876 Direktor der städtischen Bürgerschulen der Residenzstadt, 1876 Gründer und Direktor der Höheren Bürgerschule (seit 1892 Realschule, auch Arnoldischule, seit 1916 Oberrealschule) bis zu seiner Pensionierung (1899), seit 1860 mit Arnoldi-Enkelin Wilhelmine Drescher verheiratet, 1880-1892 Stadtverordneter.

Lit.: Schneider, G.: Gothaer Gedenkbuch, Gotha 1906; Hinrichs, H.-J.: Geschichte der Arnoldischule in Gotha (1876-1996), Fulda/Gotha 1997.

Quellenverzeichnis der Bilder

Bundespostministerium: Seite 58

Escherich, Mark: Villen in Gotha, 1998: Seite 11re., 28re., 69re., 122, 124li.

Festschrift, 50-jähriges Betriebsjubiläum, Gotha, 1928: Seite 20re.

Forschungs- und Landesbibliothek Gotha: Seite12re., 13, 17re., 21, 25re., 26, 30, 31li., 32, 33re., 35, 38li., 47, 57, 59, 60re., 63, 69li., 73, 75, 79, 84li., 86re., 89, 95li., 105re., 113li., 115li., 115re., 117li., 118, 123, 125, 128li., 128re., 130li.

Fotothek, Museum für Regionalgeschichte Gotha: Seite 15li., 22li., 22re., 23, 31re., 37, 38re., 39, 40, 41, 42, 43, 44, 46re., 48, 49re., 50, 51, 52li., 56li., 62li., 62re., 67li., 67re., 68, 70, 72re., 74, 76li., 76re., 78re., 80re., 81, 82, 84re., 90, 92, 95re., 96, 98li., 99, 106, 108li., 110, 116, 119li., 127, 130re.

Ignasiak, Detlef: Regenten-Tafeln Thüringischer Fürstenhäuser, Jena 1996: Seite 60li., 71

Justus Perthes Verlag: Seite 119re.

Kreisarchiv des Landkreises Gotha: Seite 20li., 103, 107, 111

Landessinfonieorchester Thüringen-Gotha: Seite 91

Motschmann, H.: 100 Jahre. Musik in Gotha in: Mitteilungen des Vereins für Gothaische Geschichte und Altertumsforschung, Gotha 1938: Seite 104, 117re.

Pachnicke, Gerhard: Gothaer Bibliothekare., Gotha 1958: Seite 55re., 78li., 101re., 109re.

Schloßmuseum Gotha: Seite 28li., 54, 66, 83, 87, 105li., 124re., 134

Schmidt, Kurt (Hrsg.): Gotha. Das Buch einer deutschen Stadt, Band I, Gotha 1931: Seite 12li.

Schneider, Gottlob: Gothaer Gedenkbuch, Gotha 1906; 2. Bd. Leipzig 1909: Seite 11li., 15re., 16, 17li., 25li., 29o., 33li., 34, 36, 45, 46li., 49li., 55li., 56re., 64li., 64re., 65, 72li., 77, 80li., 88li., 88re., 97, 101li., 102, 108re., 113re., 114, 121, 126, 132, 133, 136

Stadt Gotha (Hrsg.): Gotha 1945, Gotha und Wechmar 1995: Seite 52re.

Suchy, Gottfried (Hrsg.): Gothaer Geographen und Kartographen, Gotha 1985: Seite 18, 61, 129

Thüringisches Staatsarchiv: Seite 14

Universitätsbibliothek Leipzig: Seite 86li.

Urania-Bestand: Seite24, 109li.

Thüringische Landeszeitung: Seite 29u., 53, 98re., 100

Abkürzungen

Abh Ber Mus	Abhandlungen und Berichte des Museums der Natur Gotha, Gotha 1963 ff.
ADB	Allgemeine Deutsche Biographie, 1.-56. Bd., Berlin 1875-1912 (Neudruck 1967-1971)
AdH	Aus der Heimat. Blätter der Vereinigung für Gothaische Geschichte und Altertumsforschung, Gotha 1897/98 - 1899/1900
Aufl.	Auflage
Bader	Bader, Karl: Lexikon deutscher Bibliothekare, Leipzig 1925
d. R.	der Reserve
Dipl.	Diplom
dt.	Deutsch
FB, FLB	Forschungs- (und Landes-)bibliothek Gotha, jetzt; Universitäts-und Forschungsbibliothek Erfurt/Gotha
Friedenstein	Der Friedenstein. Monatsblätter des Kulturbundes, Gotha 1954-1963
GMH	Gothaer Museumsheft. Museum für Regionalgeschichte und Volkskunde Gotha, Gotha 1962 ff.
Goth. Jb.	Gothaisches Jahrbuch, Rudolstadt 1998 ff.
Goth., goth.	Gothaer, gothaisch
h.c.	honoris causa (ehrenhalber)
HAB	Hochschule für Architektur und Bauwesen
Hzgt.	Herzogtum
KA	Kreisarchiv
Krs., Ks.	Kreis
Kürschner GK	Kürschners Deutscher Gelehrtenkalender, Jg. 1 ff., Berlin 1925 ff.
Kürschner Lit Kal	Kürschners Deutscher Literatur-Kalender, Jg. 1 ff., Berlin/Stuttgart 1879 ff.
MGG	Musik in Geschichte und Gegenwart, Bd. 1-17, Kassel/Basel 1949/51-1986
MGG Perst.	Musik in Geschichte und Gegenwart, 2. Aufl. Personenteil, Bd. 1 ff., Kassel/Basel 1999 ff.
MRV	Museum für Regionalgeschichte und Volkskunde Gotha
MVG	Mitteilungen des Vereins für Gothaische Geschichte und Altertumsforschung, Gotha 1901-1941
N Nekr D	Neuer Nekrolog der Deutschen, Ilmenau 1823, Weimar 1824-1856
NDB	Neue Deutsche Biographie, Bd.1 ff., Berlin 1953 ff. (z.Zt. bis Bd.19: Pag)
Nekr D	Nekrolog der Deutschen auf das Jahr 1790 ff., Gotha 1790-1806

OB	Oberbürgermeister
OLG	Oberlandesgericht
PM	Petermanns Geographische Mitteilungen, Jg. 1 ff., Gotha1855 (erste Jahrgänge: Mitteilungen aus Justus Perthes' Geographi-scherAnstalt über wichtige Erforschungen auf dem Gesamtgebiet der Geographie); Erg.-H. Ergänzungshefte, Gotha 1860 ff.
Poggendorff	Poggendorff, J. C.: Biographisch-literarisches Handwörterbuch zur Geschichte der exakten Naturwissenschaften, Bd.1 ff., Leipzig 1863 ff.
RdF	Rund um den Friedenstein
RGG	Die Religion in Geschichte und Gegenwart, 3. Aufl., Bd.1-6, Reg.-Bd., Tübingen 1957-1965
Ruf	Rund um den Friedenstein. Heimatbeilage des Gothaischen Tageblattes, Jg. 1-18, Gotha 1924-1941
S.-	Sachsen
s. a.	siehe auch
s. d.	siehe dort
Suppl.	Supplement (Nachtrag)
TB	Thieme/Becker (Hrsg.): Allgemeines Lexikon der bildenden Künstler von der Antike bis zur Gegenwart, Bd.1-37, Leipzig 1907-1950
TH	Technische Hochschule
Thür., thür.	Thüringer, thüringisch
ThürSta	Thüringisches Staatsarchiv
TLZ	Thüringische Landeszeitung
TRE	Theologische Realenzyklopädie, Bd.1 ff., Berlin/New York 1977 ff.
TU	Technische Universität
u.	und
u. a.	und andere, unter anderem
z. T.	zum Teil

Literaturhinweise

Es handelt sich hier um eine kleine Auswahl, die durch die Nachschlagewerke und Zeitschriften im Abkürzungsverzeichnis ergänzt wird. Darüber hinaus bieten die Forschungsbibliothek Gotha mit ihrem reichen Bestand an regional- und lokalgeschichtlicher Literatur, das Thüringische Staatsarchiv Gotha und das Museum für Regionalgeschichte und Volkskunde Gotha - alle im Schloss Friedenstein - mit ihren Literaturbeständen weitere Informationsmöglichkeiten.

Bäte, Ludwig: Herman Anders Krüger, Gotha 1958.

Beck, August: Geschichte der Regenten des gothaischen Landes, Gotha 1868.

Beck, August: Geschichte der Stadt Gotha, Gotha 1876 (Neudruck Leipzig 1976).

Beck, August: Herzog Ernst der Fromme, Weimar 1865.

Däberitz, Ute: Gothaer Porzellan des 18. Jahrhunderts, Gotha 1995.

Die Residenzstadt Gotha in der Goethe-Zeit, 2. Aufl. Bucha b. Jena 1999.

Erkenbrecher, Hans: Ernst Wilhelm Arnoldi 1787-1841, Köln/Göttingen 1995.

Escherich, Mark: Villen in Gotha. Arnstadt 1998.

Facius, Friedrich: Staat und Verwaltung in Sachsen-Gotha unter Herzog Friedrich II. (1691-1732), Gotha 1932.

Gotha 1945, Gotha und Wechmar 1995.

Gotha und sein Gymnasium, hrsg. von Heinrich Anz, Gotha/Stuttgart 1924.

Gotha. Das Buch einer deutschen Stadt, hrsg. von Kurt Schmidt, 2 Bde., Gotha 1931-1938.

Gothaer Firmengeschichte, H. 1-18, 2. Aufl., Gotha 2000 (Schriftenreihe der URANIA Gotha).

Gothaer Geographen und Kartographen, Gotha 1985.

Helbing, Karin; Laue, Angelika: Gothaer Maler und Bildhauer in Gotha während der Residenzzeit von 1640 bis 1918., hrsg. v. URANIA Kultur- und Bildungsverein Gotha e.V., Gotha 1999.

Heß, Ulrich: Das Sachsen-Coburg und Gothaische Staatsministerium 1858-1918, Jahrbuch der Coburger Landesstiftung, Coburg 1962.

Heß, Ulrich: Geheimer Rat und Kabinett in den ernestinischen Staaten Thüringens, Weimar 1962.

Ignasiak, Detlef: Regenten-Tafeln thüringischer Fürstenhäuser, Jena 1996.

Kehl, Carl: Ortslexikon der Stadt Gotha, Gotha 1891.

Matthiesen, Helge: Bürgertum und Nationalsozialismus in Thüringen. Das bürgerliche Gotha von 1918 bis 1930, Jena/Stuttgart 1994.

Motschmann, Herbert: Hundert Jahre Musik in Gotha, Mitteilungen des Vereins für Gothaische Geschichte, H. 29, Gotha 1938.

Raschke, Helga: Gotha. Die Stadt und ihre Bürger, 2. Aufl. Horb a. N. 1996.

Roob, Helmut: Gotha. Ein historischer Führer, Sigmaringendorf 1991.

Schmidt, Kurt: Gotha im heimatkundlichen Schrifttum, Gotha 1939.

Schneider, Gottlob: Gothaer Gedenkbuch, Gotha 1906; 2. Bd. Leipzig 1909.

Strumpf, Manfred: Gothas astronomische Epoche, Horb a. N. 1998.

Veröffentlichungen der Forschungs- (und Landes-)bibliothek Gotha, H.1 ff., Gotha 1955 ff.

Walter, Hans: Kleines Straßenlexikon der Stadt Gotha, 2. Aufl. Rudolstadt/Jena 1996.

Weidner, Friedrich: Gotha in der Bewegung von 1848, Gotha 1908.

Mark Escherich

Villen Gotha (1)

30 Villen aus Gotha
Serie der THÜRINGISCHEN LANDESZEITUNG

256 Seite. Format 24,0 x 27,0 cm
Festeinband, Schutzumschlag
144 Fotos, 30 Karten
© by RhinoVerlag Arnstadt & Weimar. 1998

ISBN 3-932081-26-9

Buchtipp 143

Kurt Kauter
Lebens-
landschaft

Lebens-
erinnerungen
in Episoden und
Geschichten

128 S.,
Format 14,8 x
21,0 cm
Paperback,
cellophaniert
© by
RhinoVerlag
Arnstadt &
Weimar. 1999

ISBN-Nr:
3-932081-31-5

In diesem Buch erzählt der 1913 in Limburg/Lahn geborene und seit 1958 in Gotha/Thür. lebende Schriftsteller und promovierte Geologe Kurt Kauter aus der Landschaft seines Lebens. Der Titel ist bewusst gewählt, will der Autor doch beide Begriffe miteinander auch ins Bildliche übersetzt in Beziehung bringen; sein Leben ist mit der Geschichte seines Vaterlandes wie mit der vieler anderer Völker eng verbunden.

Die Gesamtauflage seiner Romane, Reportagen, Jugendbücher und Märchensammlungen nähert sich der zweiten Million. Die Zahl seiner Leser wird kaum zu ermitteln sein, zumal sie noch immer wächst.

Kurt Kauter nahm seinen 85. Geburtstag zum Anlass, um sich schreibend mit der eigenen Geschichte, seiner Herkunft, seinem Dasein – und auch mit unserer Zukunft auseinander zu setzen. Vielleicht keine Jahrhundertbiografie, wohl aber eine Lebensgeschichte, in der sich unser nun zu Ende gehendes Jahrhundert auf einprägsame Weise spiegelt.

© Copyright 2000 by
RhinoVerlag
Arnstadt & Weimar
1. Auflage April 2000
Satz: RhinoVerlag
Druck: Druckhaus Gera GmbH
Gestaltung: Frank Naumann, AGD
RhinoVerlag Arnstadt & Weimar
D-99310 Arnstadt/Thüringen
Plauesche Straße 8,
Telefon/Fax 03 6 28 - 60 33 45

ISBN 3-932081-37-4